학생을 위한 생성형 AI와 엔트리 인공지능 코딩북!

생성형 AI와 엔트리로 12가지 인공지능 작품 만들기

with 뤼튼, 캔바, 미리캔버스, 투닝, ChatGPT, 위스크, 수노

교·강사용 PPT 제공

초등학교/학원 방과 후 교재로 OK!

★ 7가지 생성형 AI를 활용한 12가지 주제별 작품 기초 만들기
★ AI와 엔트리를 활용한 주제별/수준별 12가지 인공지능 작품 만들기

생성형 AI와 엔트리로
12가지 인공지능 작품 만들기

with 뤼튼, 캔바, 미리캔버스, 투닝, ChatGPT, 위스크, 수노

초판 1쇄 발행 | 2025년 09월 30일

지은이 | 전진아, 김수연 공저
펴낸이 | 김병성
펴낸곳 | 앤써북

출판사 등록번호 | 제 382-2012-0007 호
주소 | 경기도 파주시 탄현면 방촌로 548
전화 | 070-8877-4177
FAX | 031-942-9852
도서문의 | 앤써북 http://answerbook.co.kr

ISBN | 979-11-93059-63-0 13000

- 이 책의 일부 혹은 전체 내용을 무단 복사, 복제, 전재하는 것은 저작권법에 저촉됩니다.
- 본문 중에서 일부 인용한 모든 프로그램은 각 개발사(개발자)와 공급사에 의해 그 권리를 보호합니다.
- 앤써북은 독자 여러분의 의견에 항상 귀기울이고 있습니다.

[안내]
- 이 책은 다양한 전자 부품을 활용하여 예제를 실습할 수 있습니다. 단, 전자 부품을 잘못 사용할 경우 파손 외 2차적인 피해가 발생할 수 있으니, 실습 시 반드시 책에서 표시된 내용을 준수하여 사용해야 함을 고지합니다.
- 이 책에 내용을 기반으로 실습 및 운용 결과에 대해 저자, 소프트웨어 개발자 및 제공자, 앤써북 출판사, 서비스 제공자는 일체의 책임지지 않음을 안내드립니다.
- 이 책에 소개된 회사명, 제품명은 각 회사의 등록 상표 또는 상표이며 본문 중 TM, ⓒ, ® 마크 등을 생략하였습니다.
- 이 책은 소프트웨어, 플랫폼, 서비스 등은 집필 당시 신 버전으로 설명하였습니다. 단, 독자의 학습 시점에 따라 책의 내용과 일부 다를 수 있습니다.

[저작권 안내]

엔트리는 네이버 커넥트 재단에서 만든 비영리 소프트웨어 교육플랫폼입니다.
본 책은 엔트리에서 제공하는 로고와 캐릭터를 사용하여 제작하였습니다.
이 책의 표지 및 본문 그리고 책의 부속물인 동영상에 사용된 엔트리 오브젝트, 블록 이미지의 저작권은 네이버 커넥트 재단에 있음을 안내드립니다.

Copyright © NAVER Connect Foundation. Some Rights Reserved

작가의 말

우리는 지금, 창작의 새로운 시대를 살고 있습니다.
아이디어를 떠올리는 데서 멈추지 않고, 그것을 글과 이미지, 음악으로 표현하는 전 과정을 함께하는 존재 바로 생성형 AI입니다.
이 책은 열두개의 주제를 하나의 방향을 가지고 AI와 대화하며 생각을 정리하고, 작품을 구상하며, 질문하고, 상상하고, 표현해 나가는 과정을 담았습니다. 학생들은 더 이상 '정답'을 쓰는 것이 아니라, '자신의 생각을 말하는 방법'을 배우게 됩니다.
글, 그림, 소리 등 표현 방식은 다양해졌고, AI는 그 모든 과정에서 함께 상상하고 창작하는 동반자가 되어주었습니다.
이 책이 학생들에게 "무엇을 생각할 것인가, 어떻게 표현할 것인가, 나만의 언어로 말하는 법은 무엇인가"에 대해 용기 있게 고민하고 시도해보는 기회가 되기를 바랍니다.
AI가 있다고 해서 답이 자동으로 나오지는 않지만, 그 덕분에 우리는 더 깊이 질문하고, 더 자유롭게 표현할 수 있게 되었습니다.

글을 잘 쓰지 않아도, 표현이 서툴러도, 자신의 감정과 이야기를 담은 아이디어를 엔트리 작품으로 누구나 만들 수 있습니다. 생성형 AI는 기술을 넘어, 상상력과 예술의 확장 도구가 되었습니다. 기계가 만든 결과물이 아니라, 사람과 기술이 함께 만들어낸 우리들의 이야기입니다. AI와 함께 우리는 감정을 새로운 방식으로 표현하고, 생각을 시각화하며, 이야기를 만들어낼 수 있습니다
AI와 함께 만드는 첫 작품,
그 시작은 지금, 바로 여러분입니다.
지금, 여러분의 아이디어가 펼쳐질 차례입니다.

2025년 작가 김수연, 전진아

[책 소스 다운로드 / 정오표 / Q&A / 긴급 공지]

이 책의 실습에 필요한 책 소스 파일 다운로드, 정오표, Q&A 방법, 긴급 공지 사항 같은 안내 사항은 PC 기준으로 안내드리면 앤써북 공식 카페의 [종합 자료실]에서 [도서별 전용 게시판]을 이용하시면 됩니다.

앤써북 네이버 카페에서 [종합 자료실] 아이콘(❶)을 클릭한 후 종합자료실 게시글에 설명된 표에서 227번 목록 우측 도서별 전용 게시판 링크 주소(❷)를 클릭하거나 아래 QR 코드로 바로가기 합니다. 도서 전용 게시판에서 설명하는 절차로 책소스 파일 다운로드, 정오표, 필독사항 등을 안내 받을 수 있습니다.

▶ 앤써북 공식 네이버 카페 종합자료실
https://cafe.naver.com/answerbook/5858

▶ 도서 전용게시판 바로가기
https://cafe.naver.com/answerbook/8348

[앤써북 공식 체험단]

앤써북에서 출간되는 도서와 키트 등 신간 책을 비롯하여 연관 상품을 체험해 볼 수 있습니다. 체험단은 수시로 모집하기 때문에 앤써북 카페 공식 체험단 게시판에 접속한 후 "즐겨찾기" 버튼(❶)을 눌러 [채널 구독하기] 버튼(❷)을 눌러 즐겨찾기 설정해 놓거나, 새글 구독을 우측으로 드래그하여 ON으로 설정해 놓으면 새로운 체험단 모집 글(❸)을 메일로 자동 받아보실 수 있습니다.

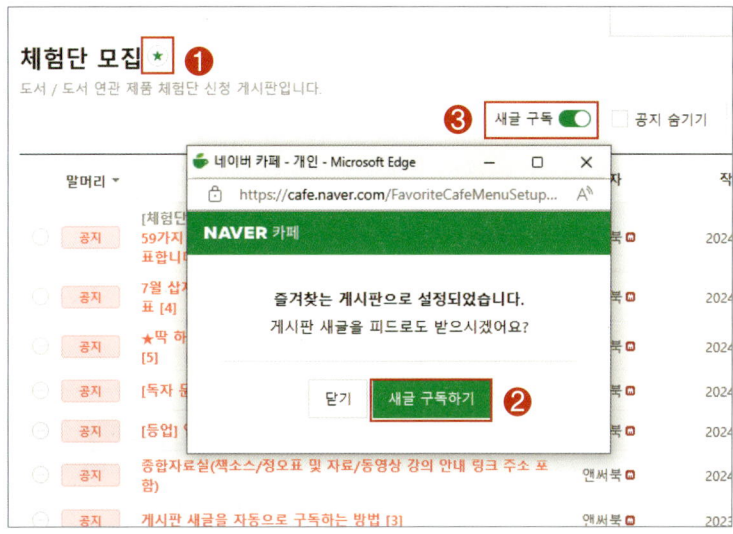

▶ 앤써북 카페 공식 체험단 게시판
https://cafe.naver.com/answerbook/menu/150

▲ 체험단 바로가기 QR코드

[저자 강의 안내]

앤써북에서 출간된 책 관련 주제의 온·오프라인 강의는 특강, 유료 강의 형태로 진행됩니다. 강의 관련해서는 아래 게시판을 통해서 확인해주세요. "앤써북 저자 강의 안내 게시판"을 통해서 앤써북 저자들이 진행하는 다양한 온·오프라인 강의를 확인할 수 있습니다.

▶ 앤써북 강의 안내 게시판
https://cafe.naver.com/answerbook/menu/144

▲ 저자 강의 안내 게시판 바로가기 QR코드

이 책의 구성요소와 특징

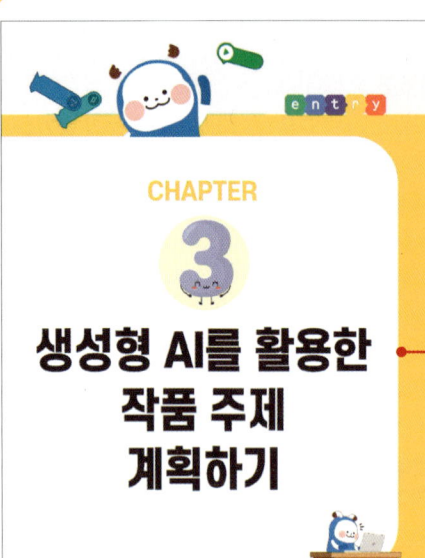

생성형AI를 활용한 작품 주제 계획하기 : 생성형 AI를 활용해 12개 주제별 작품을 계획해볼 수 있습니다.

4컷 만화 : 4컷 만화로 12개 주제별 행사일과 의미를 알기 쉽게 설명하였습니다.

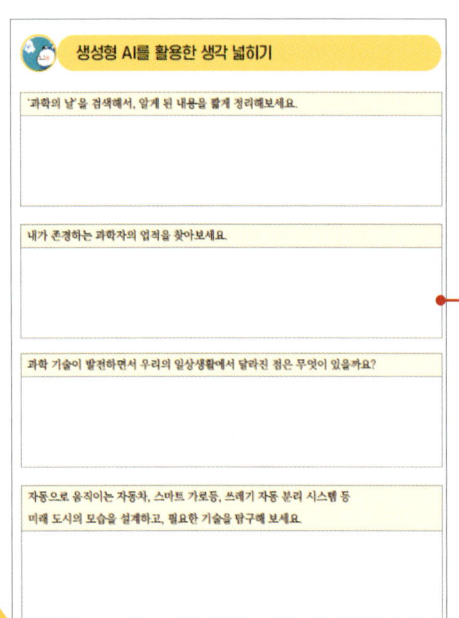

생성형 AI를 활용한 생각 넓히기 : AI와 대화하며 생각을 정리하고, 작품을 구상할 수 있습니다.

생성형 AI를 활용한 협력활동: 작품을 상상하고, 표현해 나가는 과정을 담았습니다.

생성형 AI를 활용한 결과보고서 with 뤼튼 : 위스크, 뤼튼, 캔바, 미리캔버스, 투닝, ChatGPT(DELL-E), SUNO, 투닝 등 7가지 생성형AI를 활용한 결과 보고서를 만들어봅니다.

생성형 AI 소개 나만의 AI 서포터 뤼튼: 7가지 생성형AI의 활용 방법을 실습해봅니다.

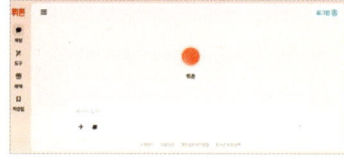

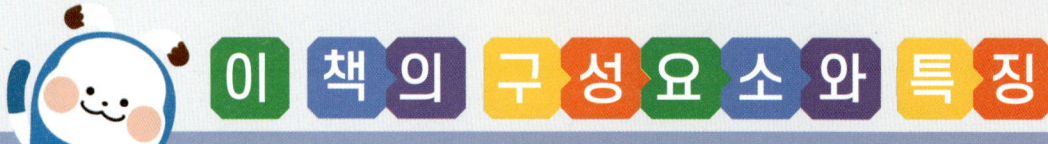

이 책의 구성요소와 특징

생성형AI를 이용한 엔트리 작품 만들기: 생성형 AI를 활용해 12개 주제별 엔트리 작품을 만들수 있습니다.

작품명: 생성형 AI를 활용해 12개 엔트리작품을 만들 수 있습니다.

학습목표: 각 작품마다 공부할 내용을 간단하게 요약해서 미리 볼 수 있게 하였습니다.

AI 활용도구, 난이도, 주요기능: 각 작품의 난이도를 별 5개로 구분하였고, 작품에 사용된 생성형 AI와 주요 엔트리 기능을 표시하였습니다.

작품 미리보기 QR코드: QR코드를 통해 만들어볼 작품 결과를 미리 확인할 수 있게 하였습니다.

작품 계획하기: 작품을 어떻게 만들지 전체적인 흐름을 미리 확인할 수 있습니다.

생성형AI로 자료 만들기 : 작품 제작에 필요한 자료는 생성형AI를 활용해 만들 수 있게 설명하였습니다.

오브젝트 추가 및 수정하기, 인공지능 기능 추가하기 : 모든 작품은 알기 쉽게 주제로 구분하여 따라하기 방식으로 친절하게 설명하였습니다.

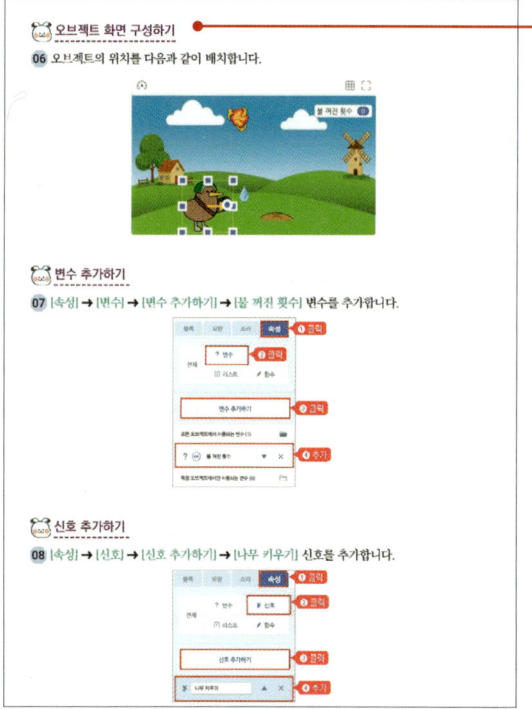

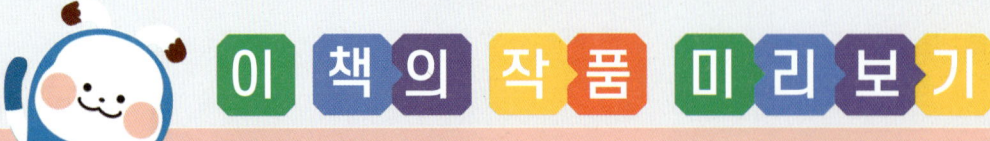

이 책의 작품 미리보기

작품 1 식목일-산불 조심! 나무 지키기(위스크)

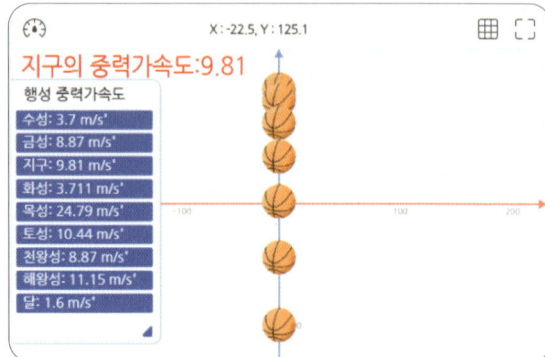

작품 2 과학의날-태양계 행성 중력가속도

작품 3 어린이날-요술손

작품 4 어버이날-심부름하기

작품 5 스승의날-엄지척으로꽃선물

작품 6 현충일-태극기는 언제 달까요?

작품 7 환경의 날-지구환경 지키기 ChatGPT(DELL-E)

작품 8 독서의 달-저축왕 흥부

작품 9 제헌절-우리반 AI 쓰레기통

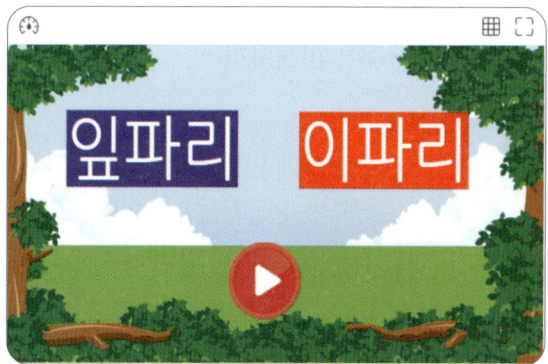

작품 10 한글날-우리말 겨루기

작품 11 아나바다 나눔행사-아나바다 나눔행사

작품 12 친구사랑 애플데이-친구 사랑 OX 퀴즈

CHAPTER 1

엔트리 시작하기

1 엔트리 시작하기 019

엔트리란 • 019
엔트리 접속하고 회원 되기 • 019
　엔트리 화면 구성 살펴보기 • 023

2 ChatGPT 이해하기 031

인공지능이란? • 031
인공지능은 어떻게 만드나요? • 031
엔트리로 배우는 인공지능 & 데이터 과학 • 033
인공지능과 생성형 인공지능이 궁금해요 • 038

CHAPTER 2

생성형 AI의 이해

1 ChatGPT로 알아보는 생성형 인공지능 041

ChatGPT란 무엇인가요? • 041

2. 생성형 AI 사용 가이드 — 043

학교급별 생성형AI 활용 지침 • 043
AI 윤리 교육 필수 내용 • 044

3. 생성형 AI 프롬프트 사용 가이드 — 045

4. 이미지 생성형 AI 사용 가이드 — 047

배경 유형 정리표 • 047
스타일 유형 정리표 • 048
분위기 유형 정리표 • 050

CHAPTER 3
생성형 AI를 활용한 작품 주제 계획하기

탐구 1. 식목일 with 위스크(whisk) — 053

식목일이 궁금해? • 053
생성형 AI를 활용한 생각 넓히기 • 054
생성형 AI를 활용한 협력 활동 • 055
생성형AI를 활용한 결과보고서 with Whisk • 056
[생성형 AI 소개] 그림으로 마법을 부리는 요술화가 Whisk • 057

탐구 2. 과학의 달 행사 with 뤼튼 — 062

과학의 달? • 062
생성형 AI를 활용한 생각 넓히기 • 063
생성형 AI를 활용한 협력 활동 • 064

목차

생성형AI를 활용한 결과보고서 with 뤼튼 • 067
생성형 AI 소개] 나만의 AI 서포터 뤼튼(Wrtn) • 068

탐구 3 어린이날 with 캔바 ～～～～～～～～～ 072

어린이날이 궁금해? • 072
생성형 AI를 활용한 생각 넓히기 • 073
생성형 AI를 활용한 협력 활동 • 074
생성형AI를 활용한 결과보고서 with 캔바(Canva) • 075
[생성형 AI 소개] 캔바(Canva)로 디자인의 세계를 열다 • 076

탐구 4 어버이날 with 미리캔버스 ～～～～～～～ 081

어버이날이 궁금해? • 081
생성형 AI를 활용한 생각 넓히기 • 082
생성형 AI를 활용한 협력 활동 • 083
생성형AI를 활용한 결과보고서with 미리캔버스(miricanvas) • 084
[생성형 AI 소개] 아이디어만 넣으면 완성 미리캔버스 • 085

탐구 5 스승의 날 with 투닝 ～～～～～～～～～ 094

스승의 날이 궁금해? • 094
생성형 AI를 활용한 생각 넓히기 • 095
생성형 AI를 활용한 협력 활동 • 096
생성형AI를 활용한 결과보고서 with 투닝(tooning) • 097
[생성형 AI 소개] 세상에 하나뿐인 가장 안전한 생성형 AI 투닝 (tooning) • 098

탐구 6 현충일 with 뤼튼 ～～～～～～～～～～ 105

현충일이 궁금해? • 105
생성형 AI를 활용한 생각 넓히기 • 106
생성형 AI를 활용한 협력 활동 • 107
생성형AI를 활용한 결과보고서 with 뤼튼(Wrtn) • 108

탐구 7 환경의 날 with ChatGPT(DELL-E) 109

환경의 날이 궁금해? • 109
생성형 AI를 활용한 생각 넓히기 • 110
생성형 AI를 활용한 협력 활동 • 111
생성형AI를 활용한 결과보고서 with DALL·E • 112
말로 설명하면 뚝딱 그림을 그려주는 신기한 그림 로봇 ChatGPT(DALL·E) • 113

탐구 8 독서의달 with SUNO 116

독서의 달이 궁금해? • 116
생성형 AI를 활용한 생각 넓히기 • 117
생성형 AI를 활용한 협력 활동 • 118
생성형AI를 활용한 결과보고서 with SUNO • 119
생성형 AI소개 신나는 음악 마법사 SUNO • 120

탐구 9 제헌절 with SUNO 125

제헌절이 궁금해? • 125
생성형 AI를 활용한 생각 넓히기 • 126
생성형 AI를 활용한 협력 활동 • 127
생성형AI를 활용한 결과보고서 with SUNO • 128

탐구 10 한글날 with 뤼튼 129

한글 날이 궁금해? • 129
생성형 AI를 활용한 생각 넓히기 • 130
생성형 AI를 활용한 협력 활동 • 131
생성형AI를 활용한 결과보고서 with 뤼튼 • 132

탐구 11 아나바다 나눔행사 with 투닝 133

아나바다 나눔행사 궁금해? • 133
생성형 AI를 활용한 생각 넓히기 • 134

목차

생성형 AI를 활용한 협력 활동 • 135
생성형AI를 활용한 결과보고서 with Tooning • 136
생성형 AI소개_누구나 쉽게 만드는 스토리텔링, 투닝 (tooning) • 137

탐구 12 친구사랑 애플데이 with 뤼튼 …………………………… 140

친구사랑 애플데이? • 140
생성형 AI를 활용한 생각 넓히기 • 141
생성형 AI를 활용한 협력 활동 • 142
생성형AI를 활용한 결과보고서 뤼튼 • 143

CHAPTER

생성형 AI를 이용한 엔트리 작품 만들기

작품 1 식목일-산불 조심! 나무 지키기 …………………………… 147
만들 작품 미리보기 • 147   작품 만들기 • 148

작품 2 과학의달-태양계 행성 중력가속도 …………………………… 159
만들 작품 미리보기 • 159   작품 만들기 • 160

작품 3 어린이날-요술손 …………………………… 166
만들 작품 미리보기 • 166   작품 만들기 • 167

작품 4 어버이날-심부름하기 ··· 171
　　만들 작품 미리보기 • **171**　　　　　작품 만들기 • **172**

작품 5 스승의날-엄지척으로꽃선물 ··· 182
　　만들 작품 미리보기 • **182**　　　　　작품 만들기 • **183**

작품 6 현충일-태극기는 언제 달까요? ·· 189
　　만들 작품 미리보기 • **189**　　　　　작품 만들기 • **190**

작품 7 환경의 날-지구환경 지키기 ··· 197
　　만들 작품 미리보기 • **197**　　　　　작품 만들기 • **198**

작품 8 독서의 달-저축왕 흥부 ··· 208
　　만들 작품 미리보기 • **208**　　　　　작품 만들기 • **209**

작품 9 제헌절-우리반 AI 쓰레기통 ··· 220
　　만들 작품 미리보기 • **220**　　　　　작품 만들기 • **221**

작품 10 한글날-우리말 겨루기 ··· 229
　　만들 작품 미리보기 • **229**　　　　　작품 만들기 • **230**

작품 11 아나바다 나눔행사-아나바다 나눔행사 ··························· 237
　　만들 작품 미리보기 • **237**　　　　　작품 만들기 • **238**

작품 12 친구사랑 애플데이-친구 사랑 OX 퀴즈 ··························· 251
　　만들 작품 미리보기 • **251**　　　　　작품 만들기 • **252**

CHAPTER

엔트리 시작하기

엔트리 시작하기

CHAPTER 01

 엔트리란

엔트리(Entry)는 소프트웨어 교육을 누구나 쉽게 무료로 받을 수 있도록 개발된 교육용 프로그래밍 언어로 블록 장남감을 조립하듯이 코드를 순서대로 조립할 수 있는 블록 코딩 언어입니다. 다양한 작품을 창작하고 공유할 수 있으며, 인공지능의 원리를 쉽게 이해하고 활용할 수 있는 인공지능 블록이 제공됩니다.

이 책은 엔트리 블록을 사용하여 여러분이 생각하고 상상하는 작품을 계획하고 만들 수 있도록 다양한 예제를 제공합니다. 게임 만들기를 통해 즐겁게 배우고 다양한 창작 활동을 할 수 있도록 도와줍니다.

 엔트리 접속하고 회원 되기

엔트리는 온라인 버전과 내 컴퓨터에 다운로드하여 사용할 수 있는 오프라인 버전이 있습니다. 인공지능과 관련된 기능은 인터넷 환경에서 정상적으로 동작합니다.

크롬 브라우저 이용한 온라인 버전 사용을 권장합니다.

01 크롬 주소창에 ❶[엔트리 홈페이지 주소]를 입력하고 접속합니다.

- https://playentry.org/

02 엔트리 회원 가입하기 위해 ❷[로그인]을 누릅니다.

엔트리는 가입하지 않아도 누구나 무료로 이용할 수 있지만, 엔트리를 더욱 편하게 즐기기 위해서는 회원가입을 하는 것이 좋습니다. 회원가입을 하면 내가 만든 작품을 저장할 수 있고 언제 어디서든 로그인하여 사용할 수 있습니다.

03 로그인 화면 아래 ❶[회원 가입하기]를 누릅니다. 필수 항목인 ❷이용약관, ❸개인정보 수집 이용 동의 체크한 후 ❹[아이디로 회원가입]을 눌러 회원 가입합니다.

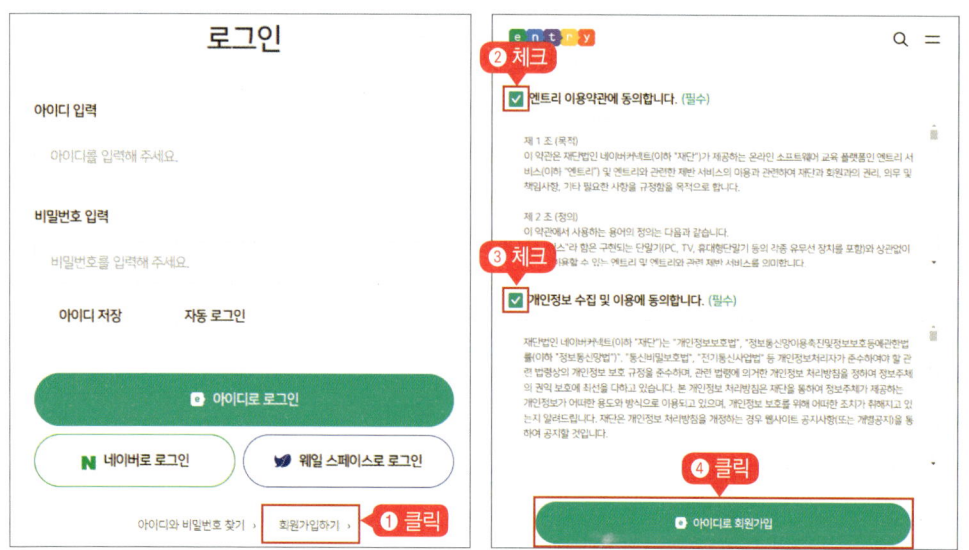

04 ❶아이디와 비밀번호를 입력한 후 ❷[다음]을 클릭합니다.
❸회원 유형, 성별, 닉네임, 작품 공유 학년 필수 항목을 체크합니다. 이메일은 필수 항목은 아니지만 비밀번호를 잊어버린 경우 이메일로 비밀번호를 찾을 수 있기 때문에 ❹[이메일]도 입력하고 ❺[확인]을 클릭합니다.

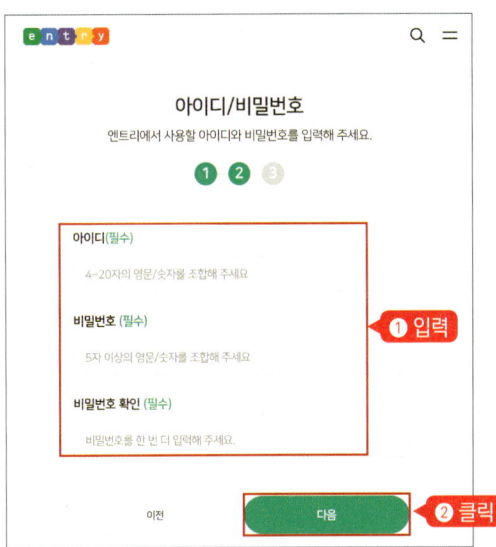
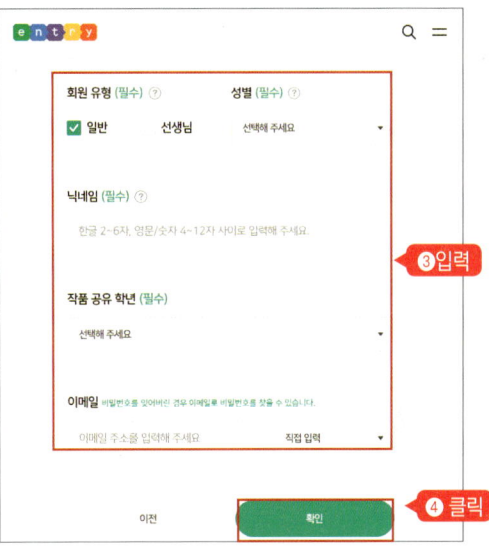

05 엔트리 회원으로 가입되었습니다.
입력한 이메일 주소를 방문하여 ❶[이메일 인증하기]를 눌러 엔트리 가입 이메일 주소를 인증합니다.

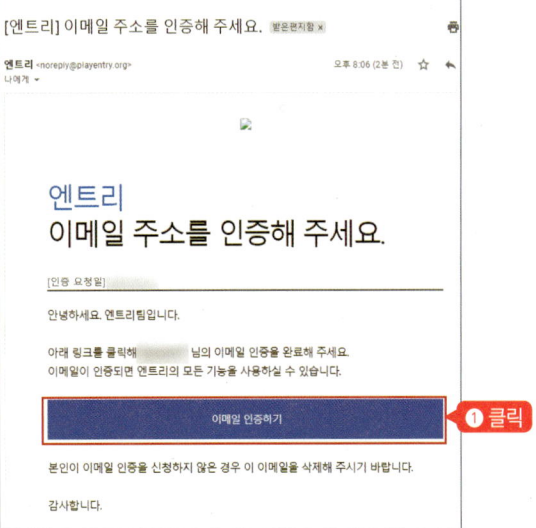

06 ❶아이디와 비밀번호를 입력하고 ❷[아이디로 로그인]을 눌러 엔트리 홈페이지에 접속하여 로그인 합니다.

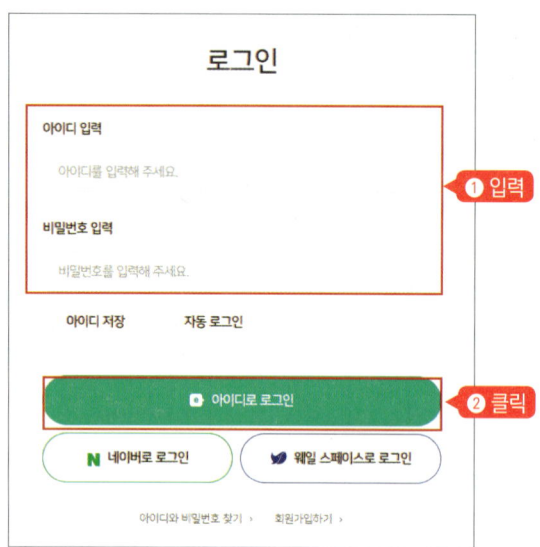

07 로그인 확인은 엔트리 홈페이지의 오른쪽 위 ❶[엔트리 캐릭터]를 클릭하면 ❷내가 만든 닉네임, 마이페이지 등이 보이면 로그인 성공입니다.

이제부터 엔트리로 즐겁게 코딩하세요!

엔트리 화면 구성 살펴보기

엔트리 사이트 둘러 보기 (https://playentry.org/)

❶생각하기〉 엔트리 학습하기 : 엔트리 작품 만들기의 기초를 배울 수 있습니다.

❶생각하기〉 교과서 실습하기 : 교과서에 있는 내용을 그대로 수업을 진행 할 수 있습니다.

❷만들기〉 작품 만들기 : 작품을 만들 수 있습니다.

❷만들기〉 교과형 만들기 : 교과형 작품을 만들 수 있는 곳이며, 주로 학교에서 사용합니다.

❷만들기〉 스터디 만들기 : 나만의 스터디를 만들 수 있습니다.

❸공유하기〉 작품 공유하기 : 작품 만들기에서 만든 작품을 공유할 수 있습니다.

❸공유하기〉 스터디 공유하기 : 스터디 만들기에서 만든 스터디를 공유할 수 있습니다.

1) 작품 만들기 살펴보기

작품 만들기 화면은 크게 다음과 같이 4가지로 나눌 수 있습니다.

❶ 실행화면 ❷ 오브젝트 목록 ❸ 블록 꾸러미 ❹ 블록 조립소

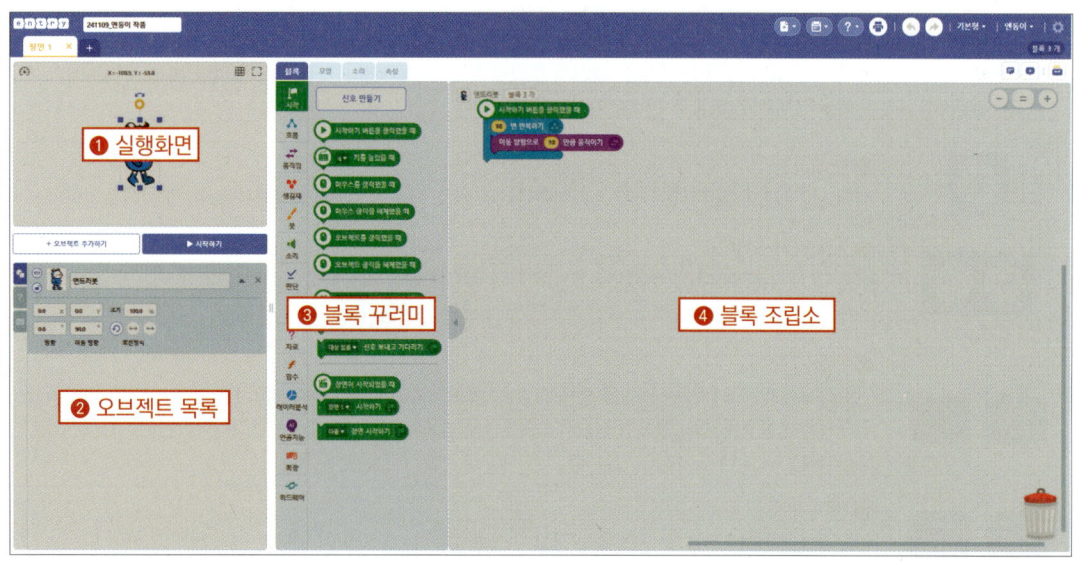

◇ 상단 메뉴

작품 만들기 화면의 상단 메뉴에는 작품의 제목을 짓거나, 저장하고 불러오는 등 작품의 기본적인 설정을 할 수 있는 메뉴들이 모여 있습니다.

가장 왼쪽부터 차례대로 살펴보겠습니다.

❶ 엔트리 로고
프로그래밍의 첫걸음, 엔트리의 로고입니다. 로고를 클릭하면 말풍선 메뉴가 표시됩니다. 말풍선 메뉴를 통해 엔트리 홈으로 이동하거나, 만들고 있는 작품의 상세 페이지로 이동할 수 있습니다.

❷ 작품 제목
작품의 제목을 확인하고, 클릭해 새로 입력하거나 수정할 수 있습니다.
작품을 효과적으로 관리하기 위해서는 작품마다 각각 제목을 입력해주는 것이 좋습니다.

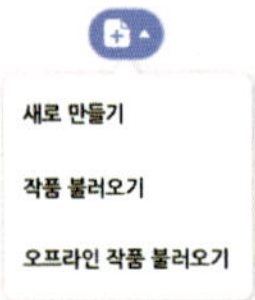

❸ 새로 만들기/불러오기
새 작품을 만들거나, 온라인/오프라인에서 작품을 불러올 수 있습니다.
각 메뉴를 클릭하면 지금 열려있는 작품에서 빠져나가게 되니 꼭 미리 작품을 저장해 주세요.
- 새로 만들기 : 새 작품을 만듭니다. '작품 만들기'를 클릭하는 것과 같아요.
- 작품 불러오기 : 로그인한 계정의 '나의 작품' 또는 '북마크 작품'에서 작품을 불러옵니다.
- 오프라인 작품 불러오기 : 내 컴퓨터에서 ent 형식(확장자)의 엔트리 작품 파일을 불러옵니다.

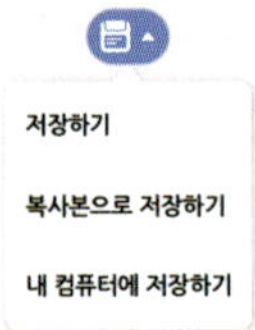

❹ 저장하기
작품을 로그인한 계정의 '나의 작품'(서버) 또는 내 컴퓨터에 저장합니다.
- 저장하기 : 지금 만들고 있는 작품을 저장합니다. 작품이 '나의 작품'에 없다면 새로 저장합니다.
- 복사본으로 저장하기 : 작품이 '나의 작품'에 없다면 새로 저장하고, 아니라면 해당 작품을 원본으로 두는 새 작품으로 저장합니다.
- 내 컴퓨터에 저장하기 : 내 컴퓨터에 ent 형식(확장자)의 엔트리 프로젝트 파일을 저장합니다.

로그인하지 않은 경우 '내 컴퓨터에 저장하기'만 사용할 수 있으며, 오프라인 엔트리를 사용하는 경우에는 '저장하기'와 '복사본으로 저장하기'만 사용하실 수 있습니다.

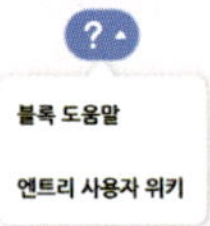

❺ 도움말
'블록 도움말'을 클릭하면 보조 창에서 도움말 탭으로 이동합니다. 블록 꾸러미나 블록 조립소에 있는 블록을 선택하면 해당 블록의 설명이 나타납니다.

❻ 출력하기
실행 화면과 모든 오브젝트, 코드, 속성(변수, 리스트, 신호, 함수)을 정리해서 볼 수 있는 기능입니다.

❼ 되돌리기/되살리기
작품 내 대부분의 작업을 이전으로 되돌리거나 이후로 되살리는 유용한 기능입니다.
왼쪽 버튼을 누르면 되돌리고, 오른쪽 버튼을 누르면 되살립니다.

❽ 만들기 모드
엔트리에서 작품을 만드는 방법을 선택합니다. 선택한 모드에 따라 블록 탭의 모양이 바뀌는데 블록을 조립해서 작품을 만들거나(블록 코딩), 텍스트를 직접 입력해 작품을 만드는(엔트리파이썬) 두 가지 모드가 있습니다.

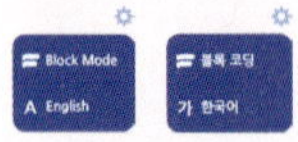

❾ 언어 선택
만들기 화면에서 표시되는 언어를 변경할 수 있습니다. 사용 가능한 언어는 한국어와 영어입니다.

◆ 작품 실행

작품 만들기 화면의 왼쪽 위에 있는 실행 화면입니다. ❶'시작하기' 버튼을 누르면 작품을 실행할 수 있습니다. 단축키 Ctrl + R 을 눌러서 실행할 수도 있습니다.

작품이 실행 중이라면 ❷'일시정지' 버튼과 ❸'정지하기' 버튼이 나타납니다.

* 실행 화면 위에 나타나는 좌표는 ❶마우스 포인터의 좌표입니다. 실행 화면 안에 마우스 포인터를 움직여 값의 변화를 확인할 수 있습니다.

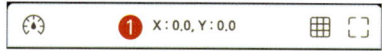

* ❶'속도 조절' 버튼을 누르면 작품의 실행 속도를 1~5 범위에서 조절할 수 있어요. 블록의 실행 순서를 눈으로 천천히 확인하고자 할 때 유용합니다.

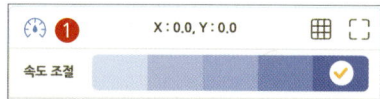

* ❶'모눈종이' 버튼을 클릭하면 실행 화면에 눈금 좌표계가 나타납니다.

실행 화면의 가운데가 좌표계의 원점입니다.

실행 화면 안의 x 좌표 범위는 -240~240 입니다. 오른쪽으로 갈수록 양수(+)로 커지고, 왼쪽으로 갈수록 음수(-)로 커집니다.

실행 화면 안의 y 좌표 범위는 -135~135 입니다. 위로 갈수록 양수(+)로 커지고, 아래로 갈수록 음수(-)로 커집니다.

오브젝트의 위치를 파악할 때 유용합니다.

오른쪽 위의 ❷ ⌗ **크게 보기 버튼**을 클릭하면 실행 화면을 크게 볼 수 있습니다.
큰 실행 화면 아래에서 속도 조절 버튼을 제외한 모든 기능을 사용할 수 있습니다.
큰 실행 화면은 오른쪽 아래의 ❶ **작게 보기 버튼**을 클릭하면 원래의 크기로 되돌릴 수 있습니다.

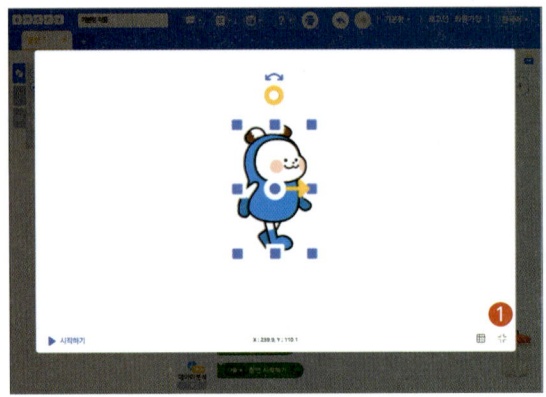

◇ **오브젝트 조절**

(잠금을 해제한 상태인) 오브젝트는 아래의 그림과 같이 실행 화면에서 오브젝트의 속성을 조절할 수 있습니다.

화살표 모양을 드래그해서 오브젝트의 위치를 움직입니다.

- ■ **셀렉트 박스** : 드래그해서 모양의 가로, 세로 크기를 조절합니다. 오브젝트의 크기도 함께 바꿔줍니다.
- ● **중심점, 중심축** : 드래그해서 중심 위치를 조절합니다. 중심점은 오브젝트 속성의 좌표이며, 오브젝트를 이동할 때에도 이 중심점을 기준으로 이동하며 오브젝트의 방향을 회전할 때의 중심축이기도 합니다.

- **오브젝트 방향 핸들** : 오브젝트의 중심을 기준으로 드래그를 하며 방향을 조절합니다. 오브젝트 방향 핸들을 바꾸면 오브젝트가 바라보는 방향도 함께 바뀝니다.
- **이동 방향 표시** : 드래그해서 이동 방향을 조절합니다. 오브젝트 속성의 이동 방향도 함께 바뀝니다.

방향과 이동 방향은 다른 것임을 주의합니다! 방향을 조절할 때 이동 방향도 함께 바뀌는 것처럼 보이지만, '이동 방향'은 오브젝트가 움직이는 방향이기 때문에 바뀌지 않습니다.

◇ **오브젝트 목록 탭**

선택한 장면에서 오브젝트를 추가하거나 관리하는 영역입니다. 실행 화면 아래에 있습니다.

❶ 오브젝트를 클릭하면 선택할 수 있습니다. 오브젝트를 선택하면 내용을 수정할 수 있는 부분이 표시됩니다. 선택하지 않은 오브젝트는 순서만 변경할 수 있습니다.
❷ 선택한 오브젝트의 이름 상자, X/Y 좌표 상자, 크기 상자를 클릭해서 숫자를 입력할 수 있습니다.
❸ 방향 상자와 이동 방향 상자를 클릭하면 각도를 입력할 수 있습니다.
❹ 이름 상자 오른쪽의 삼각형 버튼을 클릭하면 오브젝트의 내용을 숨깁니다.
❺ 삼각형 버튼 오른쪽의 X 버튼을 클릭하면 오브젝트를 삭제합니다.
❻ 가장 왼쪽의 눈 아이콘을 클릭해서 오브젝트를 실행 화면에서 나타내거나 숨깁니다.
❼ 가장 왼쪽의 자물쇠 아이콘을 클릭해서 오브젝트를 잠급니다. 잠긴 오브젝트는 삭제하거나 속성을 수정할 수 없게 됩니다. (배경 오브젝트는 추가할 때 기본으로 잠겨 있습니다.)
❽ 왼쪽의 썸네일을 드래그해서 오브젝트의 순서를 바꿉니다.

◇ **오브젝트 내용**

역삼각형 버튼을 클릭하면 나타나는 오브젝트의 내용입니다.

❶ X (좌표) : 오브젝트 중심점의 가로(축) 위치입니다. 가운데는 0 이고, 오른쪽으로 갈수록 양수(+)로 커지고, 왼쪽으로 갈수록 음수(-)로 커집니다.

❷ Y (좌표) : 오브젝트 중심점의 세로(축) 위치입니다. 가운데는 0 이고, 위로 갈수록 양수(+)로 커지고, 아래로 갈수록 음수(-)로 커집니다.

❸ 크기 : 오브젝트의 크기입니다. 일반 오브젝트의 기본 크기는 100 이고, 배경 오브젝트의 기본 크기는 375이며 1 보다 작아질 수 없습니다

❹ 방향(°) : 오브젝트가 기울어진 정도를 의미합니다. 0°~360° 범위에서 조절할 수 있습니다.이동 방향은 방향을 기준으로 하기에 방향이 바뀌면 이동 방향이 바뀌는 것 처럼 느껴질 수 있지만, 실제로 이동 방향은 변하지 않습니다.

❺ 이동 방향(°) : 오브젝트의 방향에 대해 상대적인 진행 방향을 의미합니다. 0°~360° 범위에서 조절할 수 있습니다.

◇ 오브젝트 회전 방식

오브젝트의 회전 방식은 세 가지입니다.

❻ 모든 방향: 오브젝트의 방향(기울기)을 자유롭게 변경할 수 있습니다.

❼ 좌우 방향: 오브젝트가 이동 방향에 맞춰 좌우로 바뀝니다.

이동 방향이 0° 보다 크거나 같고 180° 보다 작다면 오브젝트의 좌우가 바뀌지 않습니다.

이동 방향이 180° 보다 크거나 같고 360°(0°) 보다 작은 범위에서, 오브젝트는 좌우가 바뀌어 동작합니다.

❽ 회전 없음: 오브젝트가 이동 방향과 상관 없이 원래의 방향(기울기)를 유지합니다. 회전 방식이 회전 없음일 때에는 방향(기울기)을 바꾸는 움직임 블록을 사용해도 방향(기울기)에 영향을 주지 않습니다.

◇ 블록 꾸러미

블록 꾸러미는 블록, 모양, 소리, 속성의 네 가지 탭으로 이루어져 있습니다.

❶ 블록 탭 : 오브젝트를 움직일 수 있는 다양한 명령어 블록들이 있는 탭입니다. 시작, 흐름, 움직임, 인공지능 등 14개 카테고리에 다양한 블록들이 있습니다. 이 블록들을 블록 조립소로 끌어와 조립하여 코드를 완성합니다.

❷ 모양 탭 : 오브젝트의 모양을 추가하거나 이름을 수정하고 복제하는 등의 작업을 하는 탭입니다.

❸ 소리 탭 : 오브젝트가 사용할 소리를 관리하는 탭입니다. 새롭게 소리를 추가할 수도 있고, 이미 추가된 소리들을 재생 버튼을 이용해서 바로 들어볼 수도 있습니다.

❹ 속성 탭 : 코드에 관여하는 변수나 신호, 리스트, 함수를 추가 하는 탭입니다.

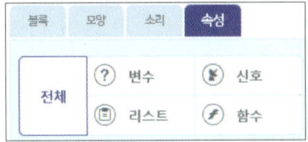

◇ 블록조립소

❶ 왼쪽 위에 오브젝트명이 보입니다. 오브젝트 별로 각각 [블록조립소]에서 블록을 조립합니다. [블록꾸러미]에서 블록을 끌어와 [블록조립소]에서 조립할 수 있습니다. 이렇게 조립된 블록 묶음을 [코드]라고 합니다.

❷ 휴지통 : 필요 없는블록을 삭제할 수 있는 아이콘입니다. 삭제하고 싶은 블록을 떼어서 휴지통으로 끌고 오면, 휴지통 뚜껑이 열리면서 블록이 삭제됩니다.

엔트리 인공지능 소개

CHAPTER 01

 인공지능이란?

우리 삶 속에서 다양하게 활용되고 있는 인공지능은 기계가 인간의 지능적인 행위를 흉내 낼 수 있도록 만든 소프트웨어 시스템을 말합니다.

인공지능(Artificial Intelligence) 시스템은 스스로 판단하고 수집한 정보를 토대로 자체 성능을 반복적으로 개선할 수 있도록 구현된 프로그램 기술입니다. 빅데이터와 고성능 컴퓨팅 시스템을 기반으로 인공지능은 급속도로 발전하고 있습니다.

 =  +  +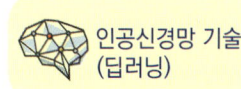

 인공지능은 어떻게 만드나요?

인간은 다양한 경험과 시행착오를 통해 지식을 배우게 됩니다. 이렇게 인간이 지식을 습득하는 방법처럼 컴퓨터가 스스로 대량의 데이터로 부터 지식이나 패턴을 찾아 학습하고 예측을 수행하는 것을 '머신러닝'이라고 합니다. 인간의 뇌를 모방한 인공신경망을 머신러닝 기술에 적용한 것을 '딥러닝'이라고 합니다.

인공지능을 학습시키는 방식은 크게 세 가지로 분류합니다.

❶ **지도학습** : 정답의 예시를 알려주고, 예시에서 찾은 특징으로 새로운 데이터를 분류하거나 예측하는 방식입니다. 엔트리의 모델 학습 중 분류, 예측 모델이 지도학습에 해당됩니다.

❷ **비지도학습** : 정답을 정하지 않아도 데이터를 주면 비슷한 특징을 찾고, 다시 그 특징을 기준으로 새로운 데이터가 어떤 데이터인지를 알아내는 방식입니다. 예를 들어, '사과'가 무엇인지 알려주지 않아도 사과의 특징을 학습할 수 있습니다. 엔트리의 모델 학습 중 군집 모델이 비지도학습에 해당됩니다.

❸ **강화학습** : 정답을 정하지 않고, 특정한 환경과 최소한의 조건에서 학습한 결과가 좋으면 보상을, 나쁘면 벌을 주며 점점 좋은 결과를 이끌도록 강화하는 방식입니다. 그 유명한 바둑 인공지능 '알파고'가 강화 학습으로 탄생했습니다.

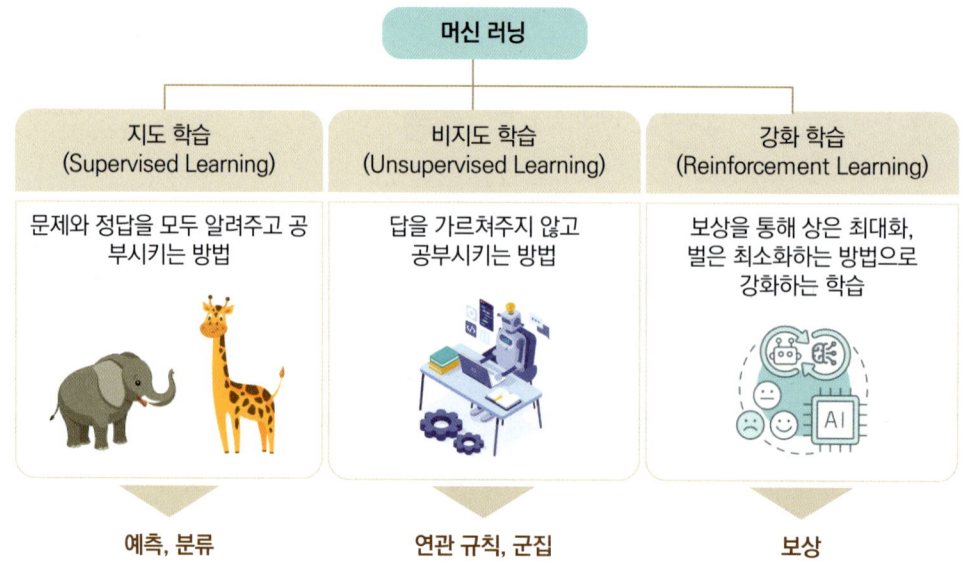

인공지능은 다양한 방식으로 우리의 삶 속에 존재한다.

건물 출입을 위해 열화상카메라로 체온을 측정하며 얼굴인식과 마스크 착용 여부를 감지해 내는 인공지능을 접하고 있으며, 매일 사용하는 스마트폰에서는 얼굴ID인식, 패턴을 학습해서 배터리를 절약하거나, '유튜브' 알고리즘에 의해 여러분이 좋아할 만한 영상을 계속 추천 받고 있습니다. 네이버 '클로바' '구글 어시스턴트', '애플 시리', '카카오 미니' 등의 인공지능(스피커)과 소통하기도 합니다.

 엔트리로 배우는 인공지능 & 데이터 과학

궁금해요! 엔트리 인공지능?

인공지능(AI)은 인간의 지능을 모방하여 학습하고 인간과 유사하거나 더 뛰어난 능력을 가진 프로그램입니다. 우리 일상 속에서 좋아하는 노래 추천, 동영상 추천, 인공지능 스피커 등 다양한 방식으로 활용되고 있습니다. 엔트리에서는 인공지능을 직접 체험하고 모델을 학습시키며 머신러닝의 원리를 배울 수 있습니다.

[인공지능 블록]의 종류

[인공지능 모델 학습하기]의 종류

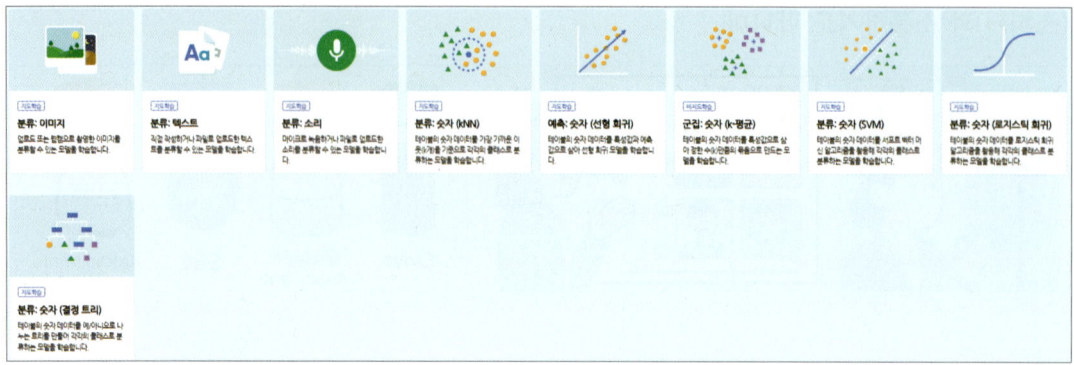

❶ 사람 인식

인공지능 [비디오 감지]-[사람 인식] 블록은 카메라로 입력되는 이미지(영상)를 통해 사람의 신체를 인식하는 블록입니다. 인공지능이 신체 각 부위의 위치를 인식하는 것을 경험해 볼 수 있습니다.

[사람 인식] 블록이 인식할 수 있는 부위는 다음과 같습니다.

부위	인식 가능한 세부 부위
얼굴	코, 왼쪽/오른쪽 눈, 왼쪽/오른쪽 눈 안쪽, 왼쪽/오른쪽 눈 바깥쪽
귀	왼쪽/오른쪽 귀
입	왼쪽/오른쪽 입꼬리
상체	왼쪽/오른쪽 어깨, 왼쪽/오른쪽 팔꿈치, 왼쪽/오른쪽 손목, 왼쪽/오른쪽 소지, 왼쪽/오른쪽 검지, 왼쪽/오른쪽 엄지
하체	왼쪽/오른쪽 엉덩이, 왼쪽/오른쪽 무릎, 왼쪽/오른쪽 발목, 왼쪽/오른쪽 발꿈치, 왼쪽/오른쪽 발끝

❷ 사물 인식

인공지능 [비디오 감지]-[사물 인식] 블록은 카메라로 입력되는 이미지(영상)를 통해 사물을 인식하는 블록입니다. 인공지능이 80여 개의 다양한 사물을 인식하는 것을 간단히 경험해 볼 수 있습니다.

[사물 인식] 블록이 인식할 수 있는 사물은 아래와 같습니다.

사람	자전거	자동차	병	비행기	버스	기차	트럭	주차 미터기	정지 표지판
소화전	신호등	보트	벤치	새	고양이	개	말	스케이트보드	스노보드
코끼리	곰	얼룩말	기린	배낭	우산	핸드백	넥타이	여행 가방	브로콜리
스키	소	공	연	칫솔	화분	양	침대	테니스 라켓	오토바이
와인잔	컵	포크	나이프	숟가락	그릇	바나나	사과	샌드위치	오렌지
원반	당근	핫도그	피자	도넛	케이크	의자	소파	야구 글러브	서프보드
식탁	변기	TV	노트북	마우스	리모컨	키보드	핸드폰	전자레인지	테디베어
토스터	싱크대	냉장고	책	시계	꽃병	가위	오븐	헤어드라이어	야구 배트

❸ 손 인식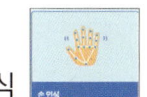

인공지능 [비디오 감지]-[손 인식] 블록은 카메라로 입력되는 이미지(영상)을 통해 사람의 손을 인식하는 블록입니다. 인공지능이 손 각 부위의 위치나, 제스처 등을 인식하는 것을 간단히 경험해 볼 수 있습니다.

[손 인식] 블록이 인식할 수 있는 부위는 아래와 같습니다.

손가락	끝	첫째 마디	둘째 마디
엄지	✓	✓	
검지	✓	✓	✓
중지	✓	✓	✓
약지	✓	✓	✓
소지	✓	✓	✓
손목			

❹ 얼굴 인식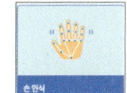

인공지능 [비디오 감지]-[얼굴 인식] 블록은 카메라로 입력되는 이미지(영상)을 통해 사람의 얼굴을 인식하는 블록입니다. 인공지능이 얼굴 각 부위의 위치나, 표정 등을 통해 유추한 나이, 성별, 감정 등을 인식하는 것을 간단히 경험해 볼 수 있습니다.

[얼굴 인식] 블록이 인식할 수 있는 부위는 아래와 같습니다.

> 왼쪽 눈, 오른쪽 눈, 코, 왼쪽 입꼬리, 오른쪽 입꼬리, 윗 입술, 아랫 입술

> **비디오 감지 블록 사용시 주의 사항**
> - 카메라 연결이 꼭 필요한 블록입니다. 데스크탑의 경우 별도 웹캠을 연결해 사용해야 합니다.
> - 카메라를 통해 입력되는 영상은 절대로 서버에 저장되거나 외부로 공유되지 않습니다.
> - 인터넷 익스플로러 브라우저와 iOS 운영 체제에서는 동작하지 않습니다.
> - 인터넷 브라우저의 경우, 안정적인 동작을 위해 구글 크롬 또는 네이버 웨일 브라우저의 사용을 권장합니다.
> - 카메라를 연결했는데도 블록이 동작하지 않거나, 영상이 제대로 입력되지 않는 경우 인터넷 브라우저의 설정을 변경해 카메라 사용을 허용해주세요.
> (크롬 브라우저의 경우, 주소 표시줄 오른쪽의 카메라 아이콘을 클릭하거나 '설정 > 개인정보 및 보안 > 사이트 설정 > 카메라'에서 엔트리 사이트의 카메라 사용을 허용해 주세요.)

❺ 번역

인공지능 [번역] 블록은 네이버가 개발한 인공신경망 기반 번역 서비스 '파파고'를 활용해서 입력된 텍스트의 언어가 무엇인지 파악하거나, 입력한 언어를 다른 언어로 번역하는 블록의 모음입니다.

인터넷에 연결되지 않았거나 인터넷 환경이 불안정할 경우, '알 수 없는 문장입니다.'를 가져오고 다음 블록으로 넘어갑니다. 최대 3000자까지 입력 가능하며, 다양한 언어를 실시간으로 번역할 수 있습니다.

❻ 읽어 주기

인공지능 [읽어주기] 블록은 네이버가 개발한 인공지능 플랫폼 '클로바'의 nVoice 음성 합성 기술을 이용해 인공지능이 합성한 다양한 목소리로 문장을 읽는 블록입니다. 감정과 억양을 포함한 인간과 유사한 음성을 제공합니다. 인터넷 연결이 필요하며, 연결이 불안정할 경우 '알 수 없는 문장입니다'라는 메시지가 표시됩니다. 최대 2500자까지 입력 가능하며, 다양한 언어와 음성 스타일을 지원합니다.

❼ 음성 인식

인공지능 [음성 인식] 블록은 네이버가 개발한 인공지능 음성 인식 엔진 '클로바 스피치'를 활용해서, 마이크로 입력되는 음성을 인식해 문자로 바꿔 주는 블록의 모음입니다.

음성 블록 사용시 주의 사항
- 음성 인식 블록은 안정적인 동작을 위해 크롬을 사용해주세요.(인터넷 익스플로러, 사파리에서는 동작하지 않습니다.)
- 음성 인식 블록은 마이크 연결이 필요한 블록입니다. 데스크탑의 경우 마이크(혹은 마이크가 포함된 이어폰)을 연결해주세요.
- 마이크를 연결했는데 블록이 동작하지 않거나, 음성이 제대로 입력되지 않는 경우 브라우저 설정을 변경해주세요.
  (크롬의 경우, 주소 표시줄 오른쪽의 카메라 아이콘을 클릭하거나 '설정 > 개인정보 및 보안 > 사이트 설정 > 마이크' 에서 엔트리 사이트의 마이크 사용을 허용해 주세요.)

출처: 엔트리-사용자 위키 (https://docs.playentry.org/user/what-is-ai.html)

인공지능과 생성형 인공지능이 궁금해요

"인공지능은 사람처럼 똑똑한 컴퓨터이고, 생성형 인공지능은 우리가 원하는 글, 그림, 음악 같은 새로운 것을 직접 만들어주는 똑똑한 친구입니다!"

인공지능이란 무엇일까요?

인공지능(AI)은 컴퓨터나 기계가 사람처럼 학습하고, 이해하고 추론하는 등의 지능적인 행동을 할 수 있도록 만드는 기술입니다. 예를 들어, 우리가 과일 사진을 보여주면 사과인지 귤인지를 맞추거나, 우리 목소리를 듣고 글자로 바꿔주는 것도 인공지능이 할 수 있는 일입니다.

ChatGPT(DALL·E)를 이용해 생성한 이미지

인공지능은 많은 데이터를 기반으로 사람을 통해 학습하거나, 주어진 데이터를 보고 스스로 배우기도 합니다.

[인공지능의 학습 방식]

 정답이 있는 문제를 많이 보여주면서 배우는 방법

 정답을 알려주지 않고, 인공지능이 스스로 비슷한 것끼리 그룹을 나누거나 패턴을 찾는 방법

 스스로 행동을 해보고, 잘했을 때는 칭찬(보상), 못했을 때는 혼남(벌)을 받으면서 점점 더 잘하게 되는 방법

"인공지능은 정답을 알려주거나(지도학습), 스스로 패턴을 찾거나(비지도학습), 칭찬과 벌을 받으면서(강화학습) 배우는 다양한 방법으로 똑똑해져요!"

  딥러닝은 컴퓨터가 스스로 많은 데이터를 보면서 중요한 특징을 찾아내고, 더 복잡하고 어려운 문제도 스스로 풀 수 있게 해주는 방법입니다.

생성형 인공지능이란 무엇일까요?

생성형 인공지능(Generative AI)은 조금 더 특별한 인공지능입니다. 기존의 인공지능이 주어진 정보를 분석하거나 예측하는 데 집중했다면, 생성형 인공지능은 새로운 것을 '만들어내는' 능력이 있습니다.

생성형 AI는 미리 많은 데이터를 공부(Pre-trained)하고, 트랜스포머(Transformer)라는 똑똑한 구조를 활용해 새로운 글이나 그림을 스스로 만들어내는(Generative) 인공지능입니다.

이때 대표적으로 사용되는 기술이 바로 GPT(Generative Pre-trained Transformer)입니다.

ChatGPT(DALL·E)를 이용해 생성한 이미지

용어	의미와 생성형 AI에서의 역할
생성형 Generative	생성형 AI의 가장 큰 특징은 기존에 배운 내용을 바탕으로 새로운 글, 그림, 음악 등 '새로운 것'을 만들어냅니다. GPT도 질문이나 프롬프트에 맞춰 새로운 답변이나 문장을 직접 만들어 냅니다.
사전학습 Pre-trained	생성형 AI는 실제로 사용되기 전에, 인터넷에 있는 수많은 글, 그림, 소리 등을 미리 공부합니다. 그래서 이미 많은 지식과 패턴을 알고 있어, 다양한 질문에 똑똑하게 답할 수 있습니다.
트랜스포머 구조 Transformer	생성형 AI가 문장이나 이미지의 복잡한 관계와 문맥을 잘 이해할 수 있도록 도와주는 특별한 인공지능 설계도입니다. '셀프 어텐션(Self-Attention)'이라는 기술로 문장의 흐름과 의미를 정확하게 파악할 수 있습니다.

CHAPTER

생성형 AI의 이해

ChatGPT로 알아보는 생성형 인공지능

ChatGPT란 무엇인가요?

ChatGPT는 OpenAI가 개발한 인공지능 챗봇으로, 사람과 자연스럽게 대화할 수 있는 AI입니다. 사용자가 질문을 하거나 요청을 입력하면, 마치 사람처럼 이해하고 적절한 답변을 만들어 줍니다

ChatGPT의 주요 특징은 대화형 AI, 대규모 언어 모델(GPT) 기반, 자연어 처리 기술을 사용해 문장의 의미와 맥락을 파악하고, 입력된 내용을 분석하여 예측해 답변을 만들어 냅니다.

나는 초등학생이고 컴퓨터공학 전문가가 되고 싶어. 지금부터 엔트리로 프로그래밍을 시작하려고해. 엔트리를 열심히 한다면 어떤 도움이 될까? 간략히 4줄로 답해줘.

엔트리를 하면 프로그래밍의 기초 개념을 쉽게 배울 수 있어.
생각하는 힘과 문제를 해결하는 능력이 쑥쑥 자라나.
게임이나 애니메이션을 만들며 창의력도 키울 수 있어.
나중에 어려운 언어도 더 쉽게 배울 수 있어서 전문가로 가는 첫걸음이 돼!

 인공지능 로봇 몸통 가운데 "AI"라고 쓰고, "생성형 AI의 종류"를 한글로 써 주고 생성형 AI의 종류 나열해줘. 미니멀 배경, 카툰 형식으로 그려줘

생성형AI ChatGpt를 이용한 이미지 생성 예시입니다.

[생성형 AI의 종류]

종류	설명
텍스트 생성 AI	글, 대화, 요약, 번역 등 문장 생성
이미지 생성 AI	그림, 사진, 일러스트 등 이미지 생성
음성/음악 생성 AI	목소리, 음악, 효과음 등 소리 생성
동영상 생성 AI	짧은 영상, 애니메이션 등 영상 생성
코드 생성 AI	소프트웨어 코드, 코드 자동 완성

이 외에도, 여러 분야에서 다양한 생성형 AI가 계속 개발되고 있습니다.

생성형 AI 사용 가이드

학교급별 생성형AI 활용 지침

초등학교	중학교	고등학교
• 교사 주도로 교육적 의도에 따라 활용 • 교사 시연 중심 - 학생 체험 가능한 경우 해당 연령에서 사용 가능한 서비스인 경우 또는 교사가 추가 작업을 통해 생성형 AI 산출물의 안전성을 확보할 수 있는 경우	• 교사의 지도하에 학생 직접 활용 - 약관에 따른 사용 제한 연령에 해당하는 경우 초등학교용 가이드 적용 - 서비스약관 및 개인정보 보호법에 따라 부모나 법적 보호자의 동의가 필요한 경우 가정통신문 등을 활용하여 보호자 동의 후 사용	• 교사의 지도하에 학생 직접 활용 - 프로젝트 등의 보조 교사로 활용 - 서비스 약관 및 개인정보 보호법에 따라 부모나 법적 보호자의 동의가 필요한 경우 가정통신문 등을 활용하여 보호자 동의 후 사용

(공통) 수업 및 교육활동에서 활용할 경우 사전에 생성형 AI 원리와 한계점, AI의 윤리적 사용에 대한 학생 교육 실시(필수)

(공통) 생성형 AI 서비스 사용 시 약관을 통해 사용 가능 연령 확인(필수)

※ **예** OpenAI 서비스의 경우 이용 약관에 따라 만 13세 미만은 서비스를 직접적으로 사용할 수 없음.

→ 만 13세 이상 ~ 만 18세 미만은 부모나 법적 보호자의 동의 필요.
   교사는 법적 보호자에 해당하지 않음.

출처 : 서울시교육청_학교급별_생성형_AI_활용_지침

 ## AI 윤리 교육 필수 내용

[생성형 AI를 사용할 때 꼭 지켜야 할 약속]

1. 개인정보를 입력하지 않기

이름, 주소, 전화번호, 학교, 가족 정보, 비밀번호 같은 개인정보는 AI에게 절대 알려주지 않습니다. AI는 많은 사람과 대화하기 때문에 그때 여러분의 소중한 정보를 제공할 수 있으므로 우리의 정보를 스스로 지키는 것이 중요합니다.

2. 항상 사실인지 확인하기

AI가 알려주는 정보가 항상 100% 맞는 것은 아닙니다.
사전에 학습한 방대한 데이터를 바탕으로 확률적으로 높은 대답을 내놓기 때문에
잘못된 정보나 오래된 내용이 있을 수 있으니, 중요한 내용은 선생님이나 믿을 수 있는 인터넷 자료와 꼭 한 번 더 확인해야 합니다.

3. 남의 글이나 그림을 그대로 따라하지 않기

AI가 만들어준 글이나 그림을 그대로 제출하거나 내 것처럼 발표하면 안 됩니다.
남의 것을 베끼는 것은 올바른 행동이 아니고, AI가 도와준 부분은 "AI가 도와줬어요"라고 솔직하게 말하는 것이 좋습니다.

4. 나쁜 말이나 행동에 사용하지 않기

AI를 이용해 친구 놀리기, 거짓 소문 만들기 등 나쁜 행동을 배우는 데 사용하면 안 됩니다. AI는 여러분이 올바르고 착하게 사용할 때만 진짜 도움이 됩니다.

5. 선생님, 가족과 함께 사용하기

처음에는 선생님이나 부모님과 함께 AI를 사용해 보는 것이 좋습니다.
궁금한 점이나 어려운 점이 있으면 꼭 어른에게 물어보세요

ChatGPT를 이용하여 만든 포스터

생성형 AI 프롬프트 사용 가이드

프롬프트 사용법 및 유의 사항

좋은 프롬프트는 구체적이고, 핵심 키워드를 3개 이상 포함하며, 요소별로 구조화해 작성하고, 독창성과 감성까지 표현하면 더욱 효과적입니다.

원하는 결과가 나올 때까지 반복적으로 수정하는 것도 중요합니다.

[좋은 프롬프트 작성 방법]

01 원하는 내용을 구체적으로 써보세요.
예 "동물 그림 그려줘"보다는 "파란 잔디밭에서 뛰노는 귀여운 갈색 강아지"

02 중요한 단어(키워드)를 3개 이상 넣으세요.
예 "강아지, 잔디밭, 밝은 햇살"처럼 핵심 정보를 빠뜨리지 않고 적어주세요.

03 주제(무엇), 배경(어디서), 스타일(어떤 방식), 분위기(감정/조명)와 같은 요소를 나눠서 써보세요.
예 " : 공원에서 책을 읽는 소녀, 봄날, 디즈니 스타일, 따뜻한 분위기"

04 문장 순서와 길이를 조절해 보세요.
가장 중요한 내용을 프롬프트 앞부분에 배치하고, 적당한 길이는 10~30단어 정도가 효과적입니다. 너무 짧으면 정보가 부족하고, 너무 길면 초점이 흐려질 수 있어요.

05 독창성과 감성을 표현하세요.
특정 예술가의 스타일, 감정이나 분위기, 원하는 효과 등을 자연스럽고 독창적으로 표현하면 특별한 결과물을 얻을 수 있어요.

06 반복적 수정과 실험
원하는 이미지가 아니라면 프롬프트를 조금씩 수정해가며 반복적으로 시도해 보세요

이미지 생성형 AI 사용 가이드

 배경 유형 정리표

이 표를 참고해 프롬프트에 원하는 배경을 구체적으로 묘사하면, 생성형 AI가 이미지의 분위기와 목적에 맞는 배경을 더 정확하게 반영할 수 있습니다.

배경 유형	세부 예시 및 설명	활용 예시 및 추천 상황
단색/그라데이션	한 가지 색상 또는 두 가지 이상 색상이 자연스럽게 섞인 배경	프레젠테이션, 미니멀 디자인, 제품 촬영
기하학적 패턴	삼각형, 원, 선 등 반복적이고 규칙적인 모양의 패턴	현대적/모던 분위기, 브랜딩, 포스터
자연 풍경	산, 바다, 숲, 하늘, 들판 등 실제 자연을 묘사한 배경	여행, 힐링, 자연 관련 콘텐츠
도시/건축	건물, 거리, 도시의 야경, 카페, 도서관 등 도시적 요소가 포함된 배경	라이프스타일, 광고, 트렌디한 콘텐츠
추상 아트워크	색의 번짐, 브러시 스트로크, 자유로운 형태 등 구체적 대상이 없는 예술적 배경	예술, 감성, 창의적 프로젝트
레트로/빈티지	오래된 종이 질감, 도트 그래픽, 복고풍 색상과 디자인	카페 메뉴판, 복고 감성, SNS 콘텐츠
텍스처/질감	종이, 패브릭, 나무, 금속, 대리석 등 재질의 느낌이 살아있는 배경	상품 촬영, 패키지, 배경에 포인트 주기
빛/조명 효과	빛 번짐, 글로우, 역광, 반사광, 그림자 등 빛의 효과가 강조된 배경	감성 사진, 인물 촬영, 분위기 연출
프레임/테두리	이미지 가장자리에 장식적 프레임이나 테두리가 추가된 배경	카드뉴스, 초대장, 인스타그램 포스팅
계절/날씨	봄의 꽃, 여름의 해변, 가을 단풍, 겨울 눈, 맑음/흐림/비/눈 등 계절·날씨 요소 반영	시즌별 이벤트, 캠페인, 테마 콘텐츠
판타지/상상	마법, 우주, 동화, 상상 속 세계 등 현실에 없는 독특한 배경	게임, 동화, 판타지 일러스트
미니멀/클래식	불필요한 요소 없이 단순하고 깔끔한 배경, 전통적이거나 고전적인 분위기	로고, 심플 디자인, 공식 문서

 ## 스타일 유형 정리표

이 표는 생성형 AI 프롬프트 작성 시 각 스타일별로 어떤 느낌을 강조하고, 어떤 상황에 활용하면 좋은지 쉽게 참고할 수 있도록 정리한 것입니다.

스타일 유형	세부 예시 및 설명	활용 예시 및 추천 상황
사실주의	실제 사진처럼 세밀하고 사실적인 묘사, 자연스러운 색감과 질감	제품 목업, 인물 사진, 건축 렌더링
만화/카툰	단순화된 선과 색, 과장된 표정과 동작, 밝은 색상	어린이책 삽화, 캐릭터 디자인, 교육용 콘텐츠
애니메이션	일본 애니메이션 특유의 스타일, 큰 눈, 뚜렷한 표정, 선명한 색감	캐릭터 일러스트, 팬아트, 게임 아트
픽사/디즈니 스타일	3D 느낌의 부드러운 질감, 밝고 따뜻한 색상, 감성적인 캐릭터	영화 포스터, 가족/아동용 콘텐츠, 브랜딩 이미지
수채화	번짐과 투명감, 부드러운 색상, 자연스러운 그라데이션	풍경화, 감성 일러스트, 엽서 디자인
유화	두꺼운 붓터치, 깊은 색감, 질감이 살아있는 표현	인물화, 역사적 장면, 예술 포스터
인상주의	빛과 색의 변화, 붓터치 강조, 순간의 인상 포착	자연 풍경, 도시 풍경, 감성 일러스트
추상화	구체적 대상 없이 색, 형태, 선으로 감정·의미 표현	현대 미술, 배경 이미지, 창의적 포스터
미니멀리즘	최소한의 요소, 단순한 색상과 형태, 여백 활용	로고, 포스터, 프레젠테이션 배경
벡터	또렷한 윤곽, 평면적 색상, 크기 조절에 최적화	아이콘, 인포그래픽, 모바일 앱 디자인
사이버펑크	네온 컬러, 미래적 도시, 어두운 분위기, 기술적 요소	게임·영화 컨셉아트, 포스터, 일러스트
빈티지	복고풍 색감, 오래된 질감, 고전적 디자인	레트로 포스터, 카페 메뉴판, 패키지 디자인
팝아트	강렬한 색상, 만화적 요소, 대중문화 아이콘 활용	광고, 패션, 현대 미술 포스터
스케치	연필/펜 선 위주, 빠른 드로잉 느낌, 거칠고 자연스러운 표현	컨셉 드로잉, 캐릭터 초안, 아트워크 초안
초현실주의	현실과 상상을 결합한 비현실적·환상적 이미지	몽환적 일러스트, 표지 디자인, 창의적 광고
3D 렌더	입체적, 사실적 또는 스타일화된 3D 모델링과 조명, 질감 표현	제품 디자인, 게임·영화 CG, 가상 공간 시각화
지브리풍	따뜻하고 부드러운 색감, 자연과 조화, 감성적이고 동화적인 분위기	동화 일러스트, 애니메이션 컨셉, 감성 포스터

ChatGPT를 이용하여 만든 이미지 생성 예시

공원에서 책을 읽는 소녀, 봄날, 디즈니 스타일, 따뜻한 분위기

공원에서 책을 읽는 소녀, 봄날, 수채화 스타일, 따뜻한 분위기

공원에서 책을 읽는 소녀, 봄날, 만화 스타일, 신나는 분위기

공원에서 책을 읽는 소녀, 봄날, 3D 렌더 스타일, 평화로운 분위기

분위기 유형 정리표

이 표는 생성형 AI 프롬프트 작성 시 각 분위기별로 어떤 느낌을 강조하고, 어떤 상황에 활용하면 좋은지 쉽게 참고할 수 있도록 정리한 것입니다.

분위기 유형	세부 예시 및 설명	활용 예시 및 추천 상황
따뜻한	부드럽고 포근한 색감, 온화한 조명, 편안함과 안정감이 느껴지는 분위기	가족, 일상, 휴식, 소소한 행복을 담은 장면
신비로운	어둡거나 몽환적인 색조, 짙은 그림자, 비밀스럽고 상상력을 자극하는 느낌	판타지, 동화, 마법, 미지의 세계
우울한	탁하고 어두운 색상, 흐린 날씨, 침울하고 쓸쓸한 감정이 드러나는 분위기	축제, 스포츠, 아이들의 놀이, 도시의 밤
활기찬	밝고 선명한 색상, 에너지 넘치는 구도, 움직임이 느껴지는 역동적인 분위기	영화 포스터, 가족/아동용 콘텐츠, 브랜딩 이미지
평화로운	잔잔한 색감, 고요한 풍경, 안정적이고 조용한 느낌	자연 풍경, 명상, 호수, 새벽
로맨틱한	부드러운 조명, 은은한 색채, 사랑스럽고 감미로운 분위기	커플, 데이트, 꽃, 저녁노을, 기념일
긴장감 있는	강한 명암 대비, 극적인 조명, 불안·긴장·스릴이 느껴지는 분위기	추리, 스릴러, 액션, 위기 상황
고요한	소음이 없는 듯한 정적, 연한 색감, 단순한 배경, 차분하고 조용한 느낌	독서, 새벽, 숲속, 사색, 휴식
신나는	강렬한 색상, 역동적인 포즈, 에너지와 재미가 넘치는 분위기	파티, 공연, 놀이공원, 콘서트
경쾌한	밝고 가벼운 색상, 경쾌한 움직임, 유쾌하고 즐거운 분위기	어린이, 동물, 일상 속 소소한 행복
엄숙한	무거운 색감, 단정한 구도, 진지하고 권위 있는 느낌	전통의식, 역사적 장면, 공식 행사
차가운	푸르고 회색빛이 도는 색상, 냉정하고 이성적인 분위기, 쓸쓸함이나 거리감이 느껴짐	겨울 풍경, 도시, 미래적·공상과학적 장면
장엄한	웅장하고 스케일이 큰 구도, 압도적인 자연이나 건축물, 경외감이 드는 분위기	산맥, 대자연, 성당, 고대 유적

학생들의 생성형 AI 사용 시 유의 사항

학생들이 ChatGPT와 같은 생성형 AI를 사용할 시에는 아래와 같은 문제점이 발생할 수 있으므로 가정에서도 이를 숙지하시고 학생들에게 교육과 안내를 부탁드립니다.

▶ 개인정보 노출 가능성

생성형 AI와 대화할 때, 학생들이 가족이나 학교 등의 개인정보를 노출할 수 있습니다. 생성형 AI는 인터넷상에서 불특정 다수와 정보를 공유할 수 있는 기술이므로 사용에 주의가 필요합니다.

▶ 부적절한 대답 가능성

생성형 AI를 사용하면서 학생들이 부적절한 언어를 사용할 수 있습니다. 생성형 AI는 어떤 질문이든 그에 대한 대답을 제공하기 때문에, 부적절한 언어나 내용을 입력한다면 그에 대한 대답도 부적절할 수 있습니다.

▶ 편향성 및 인지 수준 차이 발생

어린이들은 아직 미성숙한 인지 발달로 인해 세상의 다양한 개념과 상황을 이해하는 데에 어려움을 겪을 수 있습니다. 이에 따라 ChatGPT와 같은 생성형 AI의 대답이 어린이들의 인지 수준과 맞지 않을 수 있습니다.

▶ 정보의 신뢰성 문제

생성형 AI는 사전에 학습한 방대한 데이터를 바탕으로 확률적으로 높은 대답을 내놓기 때문에 입력된 정보가 사실과 다를 수 있습니다. 따라서 학생들이 이를 이용해 정보를 얻을 때는 신뢰성을 검증할 수 있는 다른 방법과 함께 사용해야 합니다.

▶ 의존성 문제

생성형 AI는 접근성이 쉽고, 사용하면 할수록 더욱 정교한 대답을 제공하기 때문에 의존성과 중독성이 생길 수 있습니다. 학생들이 적절한 시간 동안 용도에 맞게 사용할 수 있도록 충분한 지도와 연습이 필요합니다.

CHAPTER

생성형 AI를 활용한 작품 주제 계획하기

식목일 with 위스크(whisk)

 식목일이 궁금해?

 **생성형 AI를 활용한 생각 넓히기**

'식목일의 의미와 유래'를 검색해서, 알게 된 내용을 짧게 정리해 보세요.

나무가 우리에게 주는 좋은 점을 다섯 가지 이상 쓰고, 그 이유도 함께 적어보세요.

여러 나무 중에서 내가 심고 싶은 나무 한 가지를 골라 이유와 그 나무의 특징을 적어보세요. (내가 찾아본 나무, 그 나무의 특징도 적어보세요.)

# 생성형 AI를 활용한 협력 활동

추천! 협력 활동 주제

- 직접 묘목 심기 및 이름표 붙이기
- 우리 학교/동네에 어울리는 나무 추천 보고서 작성
- 숲의 미래를 상상한 창의적 그림 그리기
- 나무의 소중함을 알리는 환경 캠페인 기획
- '식목일 나무사랑' 포스터 제작
- 식목일 환경 퀴즈 대회 개최
- 식목일의 의미를 담은 편지 쓰기 및 발표

'식목일 나무 사랑' 포스터 제작을 위한 토론하기

식목일의 의미와 나무의 가치?

포스터를 보게 될 대상은?

공감할 수 있는 메시지 전달 시 꼭 포함되어야 할 단어는?

식목일의 의미와 나무의 소중함을 강조할 수 있는 포스터의 주제는?

자연 친화적 색상과 상징적 이미지는?

창의적이고 독창적인 표현은?

 **생성형AI를 활용한 결과보고서 with Whisk**

주제 : 산불 조심! 푸른 숲이 좋아요!

주제 : 우리도 나무를 심고 가꿀 수 있어요!

 **[생성형 AI 소개] 그림으로 마법을 부리는 요술화가 Whisk**

 https://labs.google/fx/ko/tools/whisk

피사체 　　 장면 　　 스타일

1 구글 Whisk가 뭐예요?

Whisk는 Google Labs에서 제공하는 이미지 기반 생성형 AI 도구입니다.
텍스트를 입력하지 않고도, 사용자가 업로드한 이미지를 분석하여 새로운 이미지를 만들어 주는 인공지능 서비스입니다.
Gemini와 Imagen 3 등 구글 최신 AI 기술을 결합해, 누구나 쉽게 창의적인 이미지를 만들 수 있도록 설계되었습니다.

2 구글 Whisk의 사용 가능 연령은?

사용 연령 제한: 만 13세 이상, 만 18세 미만은 보호자 동의가 필요합니다.
Whisk는 Google 계정으로 로그인해야 사용 가능합니다.

3 구글 Whisk 이용 정책은?

Whisk는 현재 실험 단계로 별도의 구독료 없이 무료로 이용할 수 있습니다. 현재까지는 명확한 무료 사용 한도가 공개되지 않았지만 향후 정책 변경에 따라 유료화되거나 사용량 제한이 도입될 가능성이 있습니다.

4 Whisk 이미지 생성 방법

피사체	피사체: 만들고 싶은 대상(예: 동물, 캐릭터, 사물 등)의 이미지를 업로드, 샘플 이미지 중에서 선택하거나 텍스트로 입력합니다.
장면	장면: 만들고 싶은 장면(판타지, 도시, 자연풍경 등) 의 이미지 업로드, 샘플 이미지 중에서 선택하거나 텍스트로 입력합니다.
장면	스타일: 원하는 아트 스타일(예: 만화, 수채화, 3D 등)을 이미지 업로드, 샘플 이미지 중에서 선택하거나 텍스트로 입력합니다.

텍스트로 세부정보를 입력하여 이미지를 만들 수 있습니다.

각 요소 이미지는 드래그 앤 드롭 방식으로 쉽게 업로드할 수 있습니다.

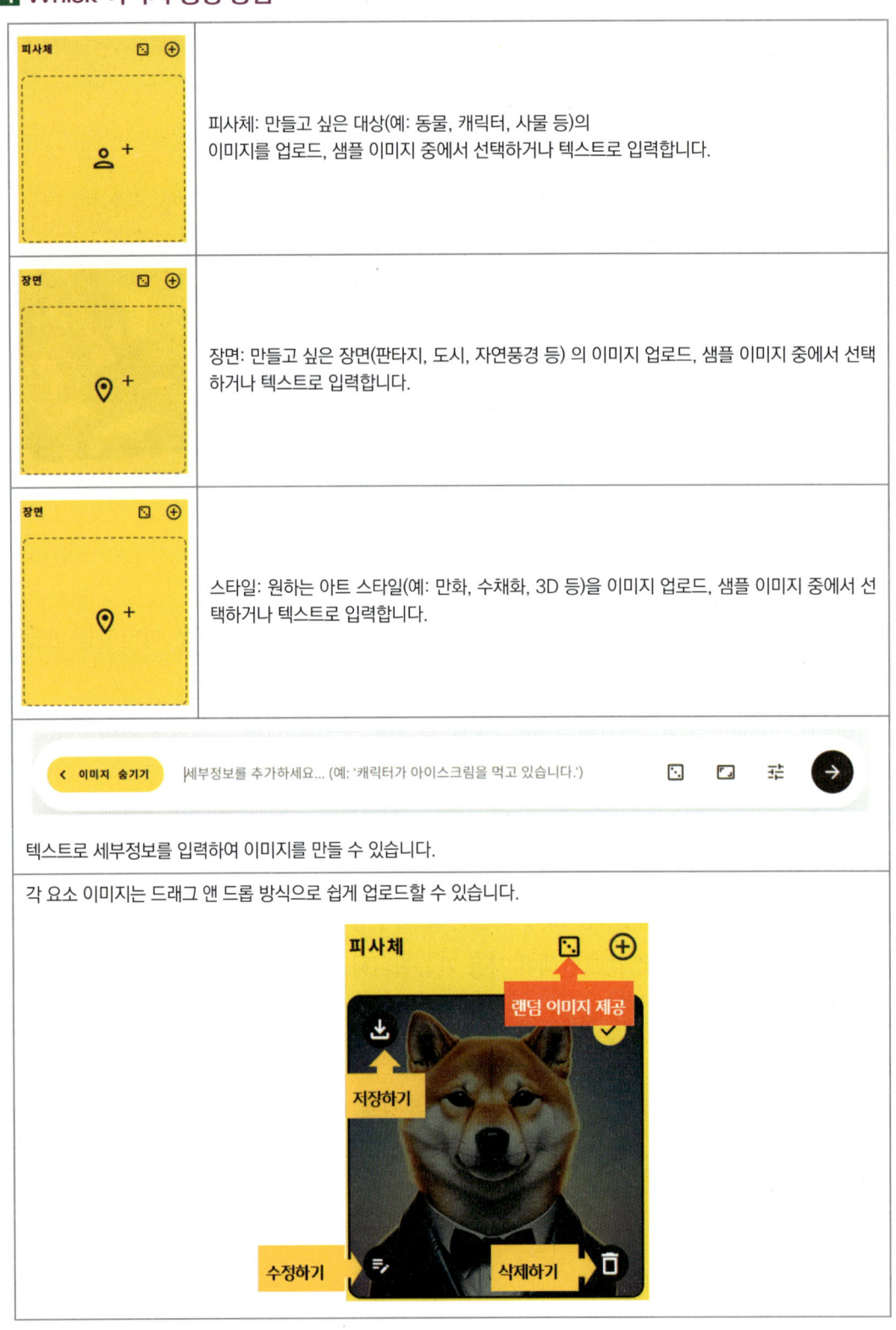

> **꿀팁** 한글이 너무 크게 보일 때는 언어 선택할 때, 영어를 선택합니다.

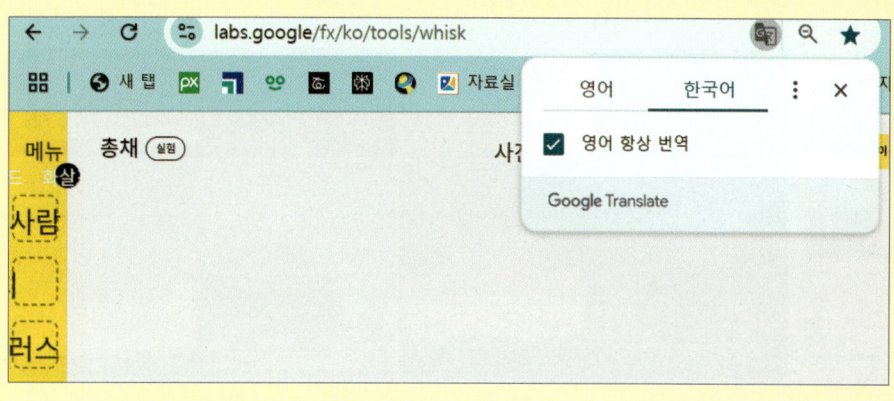

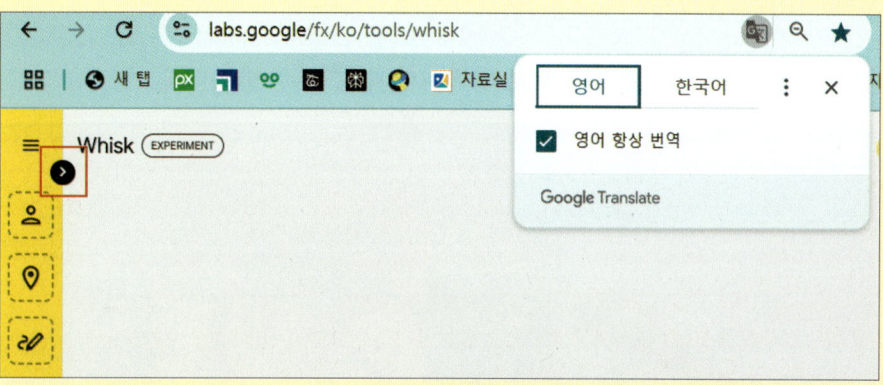

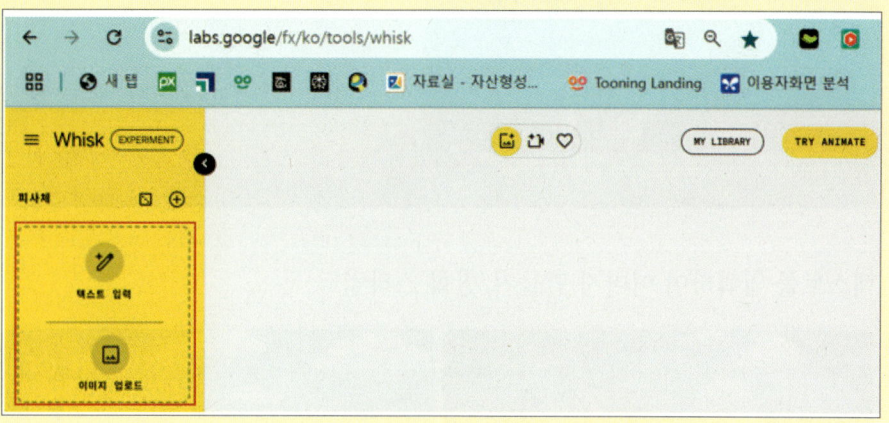

5 Whisk 이미지 생성 예시

예시1) 내가 갖고 있는 이미지를 업로드하여 만들기

만들어진 이미지에 수정사항을 텍스트로 입력하여 수정할 수 있습니다.

예시2) 텍스트를 입력하여 이미지 만들기/만화 스타일

예시3) 텍스트를 입력하여 이미지 만들기/3D 스타일

참여 어린이 수를 2명으로 수정하여 다시 생성해 봅니다.

내가 원하는 이미지가 될 때까지 수정하여 이미지를 완성합니다.

탐구 2
과학의 달 행사 with 뤼튼

 과학의 달?

 생성형 AI를 활용한 생각 넓히기

'과학의 날'을 검색해서, 알게 된 내용을 짧게 정리해보세요.

내가 존경하는 과학자의 업적을 찾아보세요.

과학 기술이 발전하면서 우리의 일상생활에서 달라진 점은 무엇이 있을까요?

자동으로 움직이는 자동차, 스마트 가로등, 쓰레기 자동 분리 시스템 등 미래 도시의 모습을 설계하고, 필요한 기술을 탐구해 보세요.

 **생성형 AI를 활용한 협력 활동**

학생들이 과학의 가치를 직접 체험하고,
협력하면서 긍정적인 영향력을 실천할 수 있는 협력 활동 주제

- 과학 문제 해결 프로젝트
  학교나 지역의 환경 문제(쓰레기, 에너지 낭비 등)를 조사하고,
  친구들과 함께 해결 방안을 탐구·실행하기
- 한 주제로 협력 그림 그리기 (예: 미래의 과학실)
- 과학 개념 정리 릴레이 게임
- 미래 과학을 위한 발명품 만들기
- 과학동아리 활동이나 탐구대회에 참여하여, 친구들과 함께 연구 주제를 정하고 실험, 관찰, 발표까지 협력적으로 진행

과학 개념 정리 릴레이 게임

어떤 과학 개념을 릴레이 게임에서 정리하면 좋을까? (예: 식물, 동물, 힘 등)
- 과학 개념을 쉽고 재미있게 설명하려면 어떤 방법이 있을까?
  (예 그림, 예시, 실험, 노래 등)
- 게임을 진행할 때 필요한 준비물이나 규칙은 무엇이 있을까?
- 게임 결과를 어떻게 평가하면 좋을까? (예 정확성, 창의성, 팀워크 등)
- 과학 개념을 릴레이로 정리하면서 서로 도와주는 방법은 무엇이 있을까?

협력 활동의 예)

과학 개념 정리 릴레이 게임-1

〈 과학 개념 정리 릴레이 게임 진행 방법〉

01 준비 단계

- 그룹 나누기: 4~6명씩 모둠을 만들기

- 과학 개념 카드 만들기: 학생들이 배운 주요 과학 용어
  (예 광합성, 탄성, 중력, 태양계, 마찰력, 에너지 등)를 카드를 협력하여 준비

- 게임 순서 정하기: 각 그룹에서 한 명씩 돌아가며 카드에 적힌 과학 개념을 설명하거나 그림으로 표현할 순서 정하기

과학 개념 정리 릴레이 게임-2

02 게임 진행 방식
- 카드 뽑기: 한 학생이 과학 개념 카드를 뽑아, 그 개념을 설명하거나 그림으로 표현합니다.
- 시간 제한: 한 명당 30초~1분 이내에 설명하도록 하고, 시간이 지나면 다음 학생에게 넘깁니다.
- 릴레이 진행: 다음 학생은 앞에서 나온 설명을 듣고, 같은 개념을 새롭게 예시를 들어 설명하거나, 그림으로 계속 이어갑니다.
- 과학 용어 답을 맞춥니다.

03 게임의 변형 및 확장

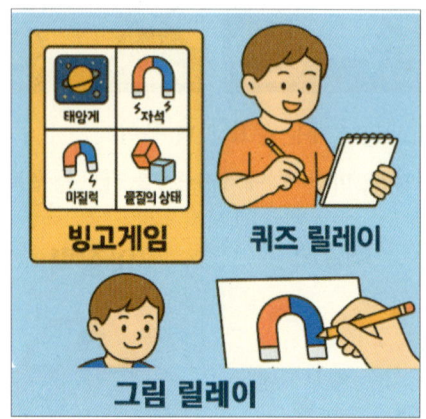

04 마무리 및 정리
- 게임이 끝난 후, 각 개념에 대해 다시 한 번 정리하고, 궁금한 점을 질의응답합니다.
- 릴레이 과정에서 친구들과 협력하며 개념을 완성하는 과정을 칭찬해 주세요.

※ 다음 차시부터 각 행사별 모둠활동을 통해 학생들이 행사/기념일 등 가치를 직접 체험하고, 협력하면서 긍정적인 영향력을 실천할 수 있는 활동을 계획해 보세요!

생성형AI를 활용한 결과보고서 with 뤼튼

주제 : 과학 개념 정리 릴레이 게임 〈 개념 단어 〉

초등학교 교과 과정에서 다루는 대표적인 과학 개념 단어 8가지(태양계, 마찰력 등), 개념: 1줄 요약 형식으로 간략하게 설명해줘

- 태양계: 태양과 그 주위를 돌고 있는 여러 행성들로 이루어진 가족
- 마찰력: 물체가 움직일 때, 그 움직임을 느리게 하거나 멈추게 하는 힘
- 자석: 쇠붙이를 끌어당기거나 다른 자석을 밀거나 당기는 힘을 가진 물체
- 중력: 지구가 물체를 아래로 잡아당기는 힘
- 물질의 상태: 물이 얼음(고체), 물(액체), 수증기(기체)처럼 변하는 모습
- 빛: 물체를 보게 해주고 그림자를 만드는 에너지
- 소리: 물체가 떨릴 때(진동) 생겨서 귀로 들을 수 있는 것
- 전기: 전등을 켜거나 기계를 움직이게 하는 힘

〈 과학 개념 단어 카드의 예 〉

- 직접 그림을 그려 만들어도 되고, 다양한 툴을 이용해 이미지를 그려도 됩니다.

ChatGPT(DALL·E)를 이용해 생성한 이미지

 **[생성형 AI 소개] 나만의 AI 서포터 뤼튼(Wrtn)**

https://wrtn.ai/

1 뤼튼이 뭐예요?

뤼튼(Wrtn)은 국내에서 개발된 대표적인 생성형 AI 플랫폼으로 글쓰기 보조, 아이디어 생성, 요약, 자료조사, 이미지 생성 등 다양한 창작 활동을 도와주는 서비스입니다. 뤼튼 3.0의 'AI 서포터' 중심 통합 서비스는 사용자가 목적이나 도구를 따로 선택할 필요 없이 대화의 맥락을 이해해 필요한 기능이나 정보를 스스로 찾아 추천해주고, 감정 표현을 반영한 자연스러운 피드백과 개인 맞춤형 서비스를 제공합니다

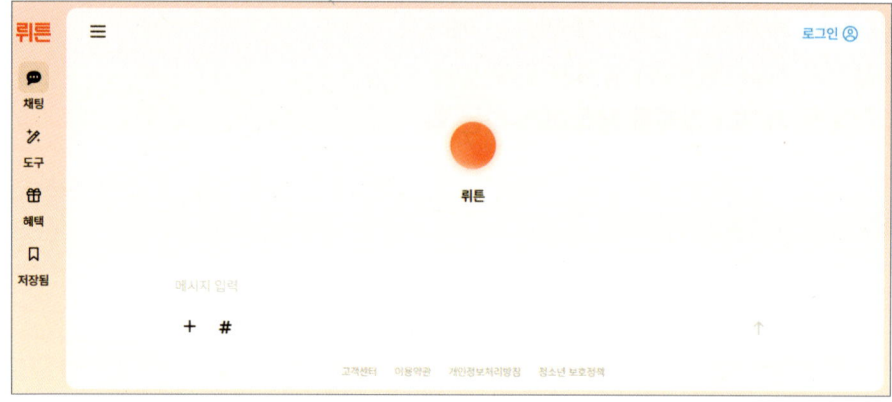

2 뤼튼 사용 연령 제한?

- 만 14세 미만: 보호자의 동의가 있으면 가입 및 사용이 가능합니다. 회원가입 시 보호자의 인증이 필요합니다.
- 만 14세 이상: 보호자 동의 없이 자유롭게 가입하고 사용할 수 있습니다.
- 청소년 보호 정책: 뤼튼은 청소년이 안전하게 서비스를 이용할 수 있도록 유해 정보 필터링 등 다양한 보호 정책을 적용하고 있습니다.

3 뤼튼 이용 정책?

무료 이용: 뤼튼은 로그인만 하면 기본적인 AI 채팅, 다양한 도구 사용, 캐릭터 이용 등 대부분의 핵심 기능을 무제한으로 제공하는 데 초점을 맞추고 있습니다.

유료 이용 / 프리미엄: '유료'라고 할 수 있는 부분은 주로 Superchat 기능으로 비용을 지불하고 특정 고성능 AI 모델을 사용하여 캐릭터 대화나 채팅의 품질을 높이는 경우입니다. 향후 프리미엄 기능 및 다양한 유료 서비스가 순차적으로 도입될 예정입니다.

4 뤼튼의 주요 기능은?

ChatGPT(DALL·E)를 이용해 생성한 이미지

5 뤼튼 사용 방법

채팅

- **구체적으로 명확하게 작성하기**
AI는 우리가 입력한 내용을 바탕으로 답변을 생성하기 때문에 질문이 구체적일수록 더 좋은 답변을 얻을 수 있습니다.

- **AI에게 역할과 답변 형식 지정해주기**
AI 서포터에게 특정 역할을 부여하고, 답변을 어떤 형식으로 받고 싶은지 알려주면 훨씬 정밀한 응답을 받을 수 있어요.

- **예시 제공하기**
AI가 어떤 스타일이나 형식으로 답변하길 원하는지 보여주면 학습하여 그에 맞춰 답변을 생성해요.

※ AI는 학습된 내용을 바탕으로 가장 확률이 높은 답변을 제공하기 때문에 때때로 잘못된 정보를 줄 수도 있습니다. 따라서 AI의 답변은 항상 사실인지 다시 한번 확인하는 것이 정말 중요하답니다.

- 21가지 AI 도구 제공

뤼튼 3.0의 '도구' 메뉴에는 요약, PPT 초안, SNS 게시물, 강의 녹음 노트, 기사 초안, 독후감, 블로그, 발표 대본, 자기소개서, 코딩 과제, 이미지 제작 등 21가지 실용적인 도구가 통합되어 있습니다.

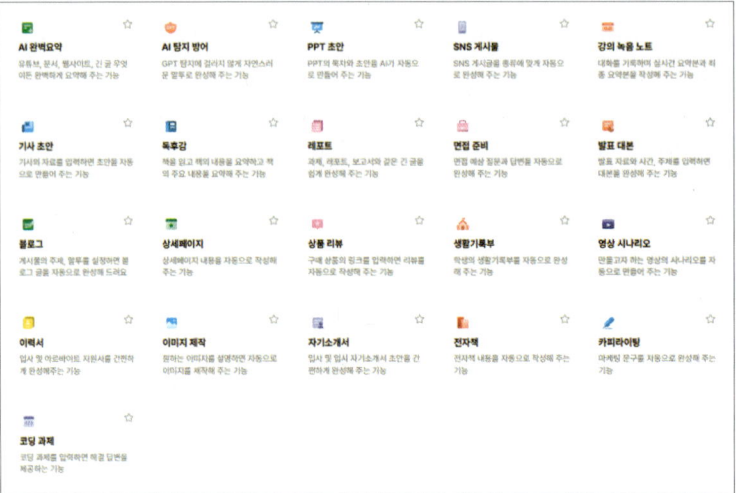

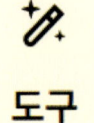 도구

- 도구 사용 방법

왼쪽 메뉴에서 '도구'를 클릭하면 다양한 도구 목록이 나타납니다.
원하는 도구를 선택하고, 필요한 정보를 입력하면 AI가 자동으로 결과물을 만들어줍니다.

뤼튼 사용 예

예 💬 채팅 구체적이고 명확하게 작성하기

학생들에게 밝고 희망적인 느낌으로 '과학의 중요성'에 대한 짧은 동시를 써줘

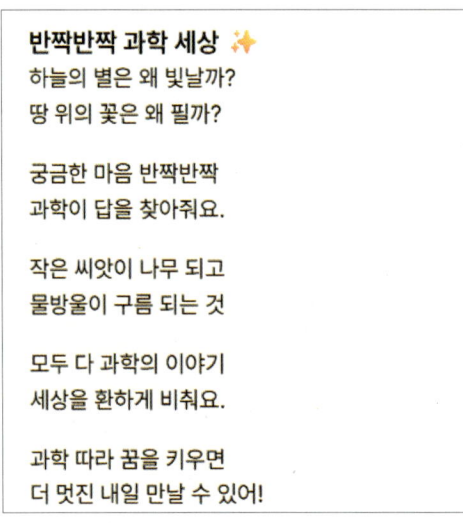

반짝반짝 과학 세상 ✨
하늘의 별은 왜 빛날까?
땅 위의 꽃은 왜 필까?

궁금한 마음 반짝반짝
과학이 답을 찾아줘요.

작은 씨앗이 나무 되고
물방울이 구름 되는 것

모두 다 과학의 이야기
세상을 환하게 비춰요.

과학 따라 꿈을 키우면
더 멋진 내일 만날 수 있어!

예 채팅 AI에게 역할과 답변 형식 지정해주기

너는 어린이 요리사야. 나에게 김치볶음밥 만드는 방법을 쉬운 단어로 단계별로 알려줄래?

오후 2:23

진짜 초간단 김치볶음밥! 뚝딱 만들기! ✨
준비물:

- 김치
- 밥
- 좋아하는 거 (햄, 참치, 아니면 아무것도 없어도 괜찮아요!)
- 기름
- 간장 (아주 조금!)

만드는 방법:

1. **김치랑 좋아하는 거 작게 잘라요!** 김치랑 햄 같은 거 있으면 작게 잘라주세요.
2. **팬에 기름 넣고 볶아요!** 프라이팬에 기름을 조금 넣고 자른 김치랑 좋아하는 걸 넣어서 볶아요.
3. **밥 넣고 섞어요!** 밥을 넣고 김치랑 같이 잘 섞어주세요.
4. **간장 조금 넣고 볶으면 끝!** 간장을 아주 조금만 넣고 다시 한번 섞어주면 완성!

어린이날 with 캔바

 어린이날이 궁금해?

 **생성형 AI를 활용한 생각 넓히기**

대한민국의 '어린이날의 의미와 유래' 검색하고 알게 된 점 정리하기

세상에 어린이가 없으면 어떤 일이 생길까?

만약 대통령이 된다면, 모든 어린이를 위해 어떤 특별한 행사를 만들고 싶은지 적어 보세요.

생성형 AI를 활용한 협력 활동

추천! 협력 활동 주제

- 내가 생각하는 최고의 어린이날을 그림과 글로 포스터에 표현하기
- 상상 속 어린이날을 테마로 한 의상이나 소품을 만들어 퍼레이드 놀이 활동
- 어린이날 하루 동안 하고 싶은 일, 함께 있고 싶은 사람, 가고 싶은 장소 등을 시간순으로 그려보기.
- "어린이날 뉴스 만들기" 그룹 활동
- 어린이날에 진심으로 바라는 소원이나 하고 싶은 일을 그림 또는 글로 적어 소원 풍선 만들기.

어린이날 소원 풍선 디자인 하기

 예

내가 가장 받고 싶은 선물

어린이날에 가고 싶은 장소(예시: 놀이공원, 바다, 외국, 할머니 집)

어린이날에 함께 있고 싶은 사람 (가족, 친구, 선생님, 만화 캐릭터)

가지고 싶은 초능력이나 특별한 힘(예시: 하늘 날기, 시간 멈추기, 동물과 말하기)

어린이로서 바라는 더 좋은 세상 (예시: 모두가 웃는 세상, 전쟁 없는 세상, 동물을 지키는 세상)

 **생성형AI를 활용한 결과보고서 with 캔바(Canva)**

주제 : 어린이날 가고 싶은 장소

주제 : 어린이날 받고 싶은 선물

학생들이 직접 작성해 봅니다.

[생성형 AI 소개] 캔바(Canva)로 디자인의 세계를 열다

https://www.canva.com/

1 캔바(Canva)가 뭐예요?

캔바는 2012년 호주에서 탄생한 웹 기반 그래픽 디자인 플랫폼입니다. 디자인 초보자도 쉽게 사용할 수 있는 직관적인 인터페이스가 특징입니다. 웹사이트와 모바일 앱을 모두 지원하며, '디자인의 대중화'를 이끈 혁신적 도구로 자리매김했습니다.

2 캔바(Canva)의 주요 기능

드래그 앤 드롭	다양한 템플릿	다목적 디자인	AI 활용
간편한 디자인 작업을 위한 직관적 인터페이스	수천 가지 디자인 템플릿과 그래픽 요소 제공	명함, 포스터, SNS 이미지, 웹 디자인, 동영상 제작 가능	브랜드 일관성 유지 및 맞춤형 템플릿 제작 지원

3 무료 vs 유료 버전

무료 버전	유료 버전 (캔바 Pro)
기본 디자인 도구 사용 가능 제한된 템플릿과 그래픽 요소 일부 파일 형식으로 다운로드 5GB 저장 공간	모든 템플릿과 그래픽 요소 사용 배경 제거 기능 모든 파일 형식으로 다운로드 100GB 저장 공간

4 캔바 가입하기

01 캔바 사이트에 접속하여 ❶[가입] 버튼을 클릭합니다.
- https://www.canva.com/

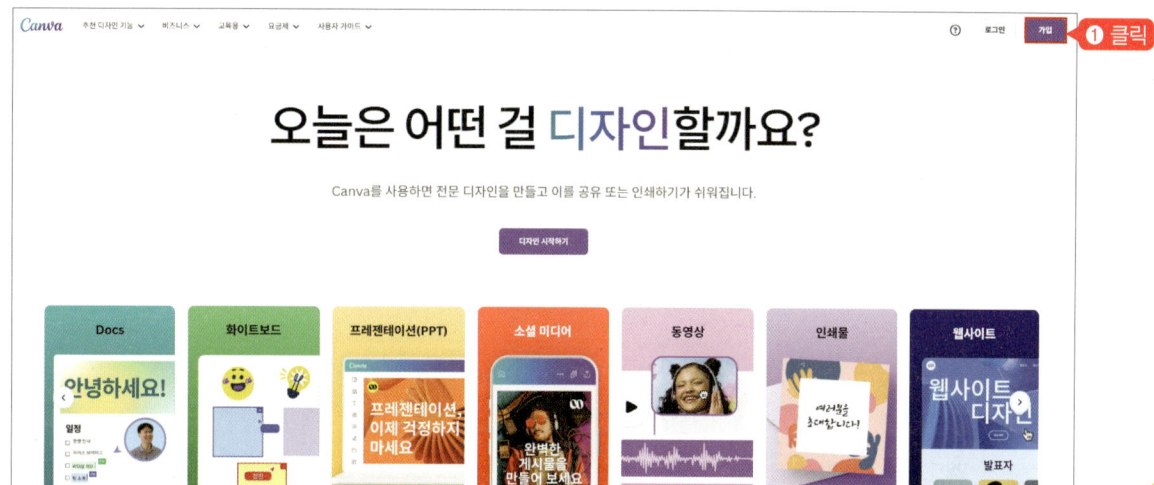

02 ❶"다음 모든 항목에 동의합니다" 체크한 후 ❷[동의 및 계속하기] 버튼을 클릭합니다. 가입할 이메일을 선택한 후 [계속하기] 버튼을 클릭합니다.

TIP 구글 email로 가입을 하는 것이 가장 좋습니다. 구글 이메일로 가입을 하면 자동 로그인이 가능하고 캔바 앱에서 사용할 수 있는 google drive 등 과도 연동이 가능합니다.

5 캔바 템플릿 사용법

필요한 형태나 사이즈의 템플릿을 찾을 수 있습니다.

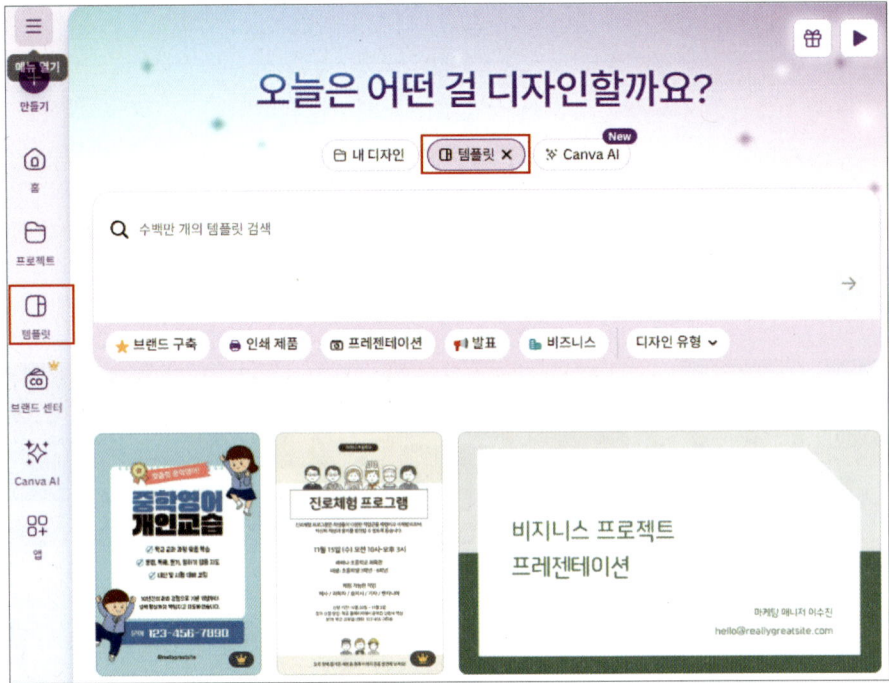

제공되는 템플릿은 프레젠테이션, 인스타그램게시물, 이력서, 포스터, 전단지, Doc, 로고, 동영상, 초대장, YouTube썸네일, 페이스북 게시물, 화이트보드, 스토리, 모바일 동영상 기능이 있습니다.

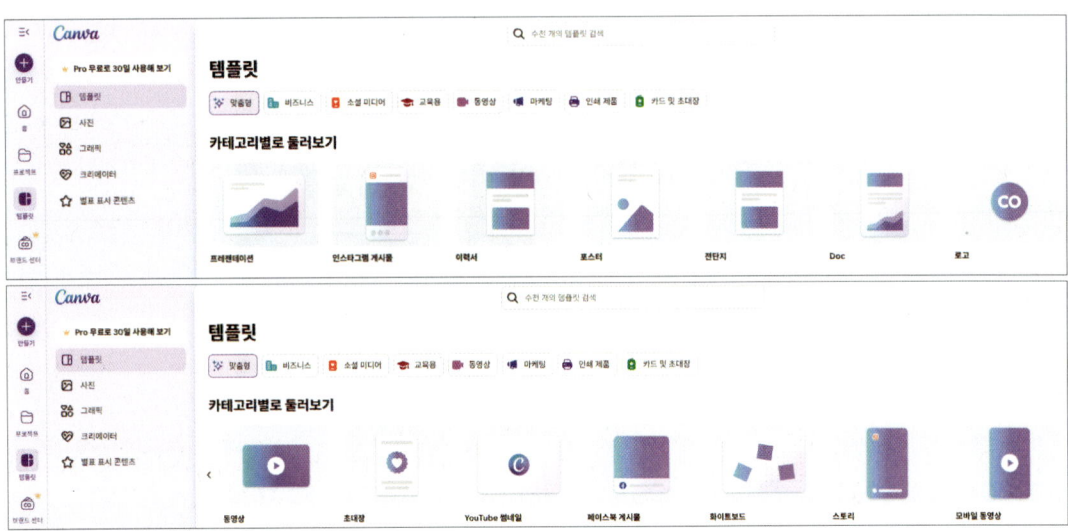

6 캔바 AI 기능 활용하기

01 ❶[Canva AI] 메뉴 또는 상단에서 [Canva AI]를 클릭합니다. ❷프롬프트 창에서 세부정보를 입력하여 생성형 이미지를 만들 수 있습니다.

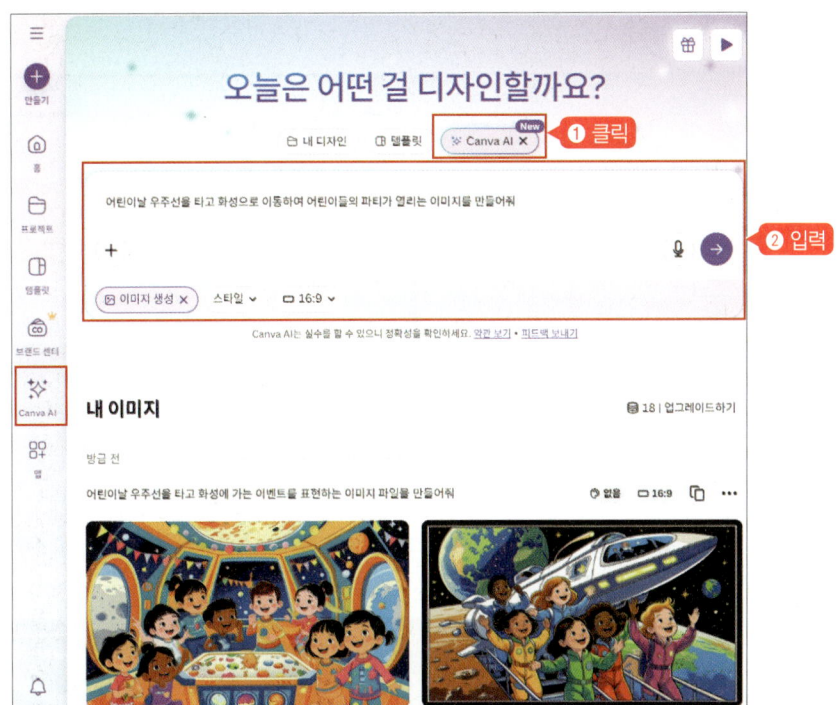

02 만들어진 생성형 이미지를 선택하면 ❶[다운로드]와 ❷[편집] 메뉴가 표시됩니다.

03 이미지를 수정할 수 있는 화면으로 이동합니다. ❶[텍스트]>❷[제목 추가]를 눌러 제목을 추가합니다. 위쪽 메뉴에서 글꼴, 크기, 정렬 등을 바꿀 수 있습니다. ❸더블 클릭하면 텍스트를 편집할 수 있습니다. ❹ [Magic Write] 아이콘을 클릭하면 생성형AI 기능으로 텍스트를 변환할 수 있습니다.

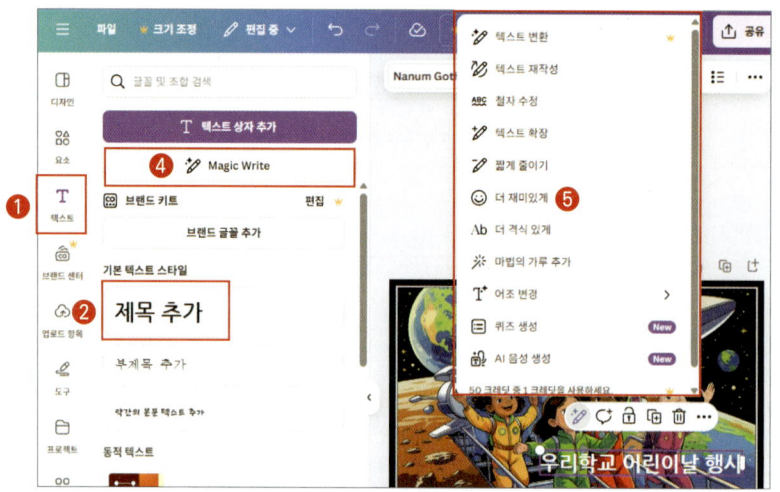

04 ❺[더 재미있게]를 클릭하면 텍스트 내용을 재작성해 줍니다. ❻[바꾸기] 버튼을 클릭하여 재작성한 내용으로 수정할 수 있습니다.

06 내가 원하는 이미지를 편집해서 완성합니다.

어버이날 with 미리캔버스

 어버이날이 궁금해?

 **생성형 AI를 활용한 생각 넓히기**

어버이날의 의미와 유래 검색하고 알게 된 점 정리하기

부모님에 대한 감사를 창의적인 방법으로 표현해 보세요.(3가지 이상 적어 보세요.)

"아빠(또는 엄마)는 나의 OOO 이다." AI로 이미지를 만들어 보세요.

# 생성형 AI를 활용한 협력 활동

추천! 협력 활동 주제

- 고마움 릴레이 카드 만들기
- 아빠 응원송 만들기
- 엄마를 위한 AI 엽서 만들기
- 각자 자기 엄마의 장점을 이야기하며 우리 엄마 자랑 발표회
- 효도 쿠폰 만들기
- 부모님의 하루를 주제로 한 상황극을 조별로 구상하여 감사 연극제

효도 쿠폰북 만들기

안마쿠폰, 설거지 쿠폰, 사랑해요 쿠폰, 산책 쿠폰

 **생성형AI를 활용한 결과보고서 with 미리캔버스(miricanvas)**

주제 : 어버이날의 유래와 함께 부모님에게 효도하기 프레젠텐이션 만들기

참조 자료: 어버이날 유래.PDF(파일 다운로드 방법은 4쪽 독자지원센터를 참조하세요)

주제 : 효도 쿠폰북 만들기

학생들이 직접 작성해 봅니다.

 **[생성형 AI 소개] 아이디어만 넣으면 완성 미리캔버스**

 https://www.miricanvas.com

1 미리캔버스란?

미리캔버스(MIRI CANVAS)는 수많은 템플릿과 각종 사진, 이펙트 등을 사용할 수 있는 대한민국에서 출시된 디자인 플랫폼입니다. 다양한 소스들을 활용해 PPT와 카드 뉴스부터 짧은 동영상까지(5~6초 쇼츠), 제작할 수 있는 컨텐츠의 범위가 정말 넓습니다. 그리고 미리 캔버스는 다양한 디자인 요소를 제공하여, 디자인에 익숙하지 않은 사람들도 쉽게 사용할 수 있습니다. 또한 편리한 편집 기능을 통해 사용자가 자유롭게 그래픽을 조작할 수 있어 창의적인 작업을 할 수 있습니다.

미리캔버스는 개인 및 비즈니스용으로 적합하며, 다양한 분야에서 활용할 수 있습니다. 무료로 제공되는 기본 기능도 충분히 유용하게 사용할 수 있습니다.

2 미리캔버스로 컨텐츠 만들기

01 미리캔버스 회원가입

미리 캠버스에서 본인이 만든 결과물을 다운 받기 위해서는 회원 로그인이 필수적입니다. 카카오, 네이버, 구글 등 다양한 간편 회원 가입 루트를 제공하니 회원 가입을 하고 편집을 시작하는 것을 권장합니다. 회원 가입을 해도 pro 평가판(유료)을 결제하지 않는다면 계속해서 무료로 다양한 기능을 사용할 수 있습니다.

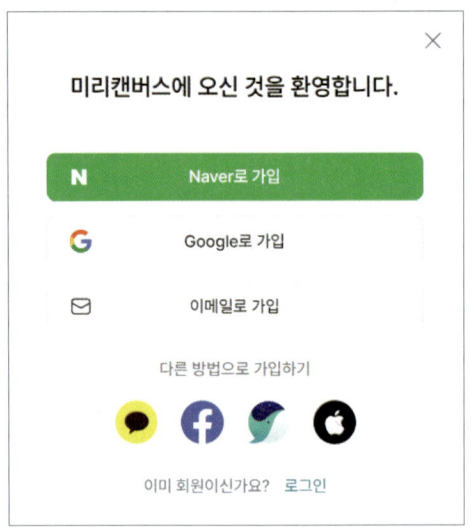

02 디자인 선택

❶먼저 목적에 맞는 키워드로 제공되는 템플릿을 검색합니다. 여기서는 "어버이날"을 검색합니다. 마음에 드는 ❷템플릿을 클릭하거나 ❸[이 템플릿 사용하기] 버튼을 클릭하면 바로 편집할 수 있게 내 작업공간으로 불러올 수 있습니다. 커서를 옮기면 글씨나 그림 등의 상세 부분을 편집 할 수 있게 하늘색 경계선으로 표시가 되고, 이것으로 모든 상세 부분을 편집할 수 있습니다.

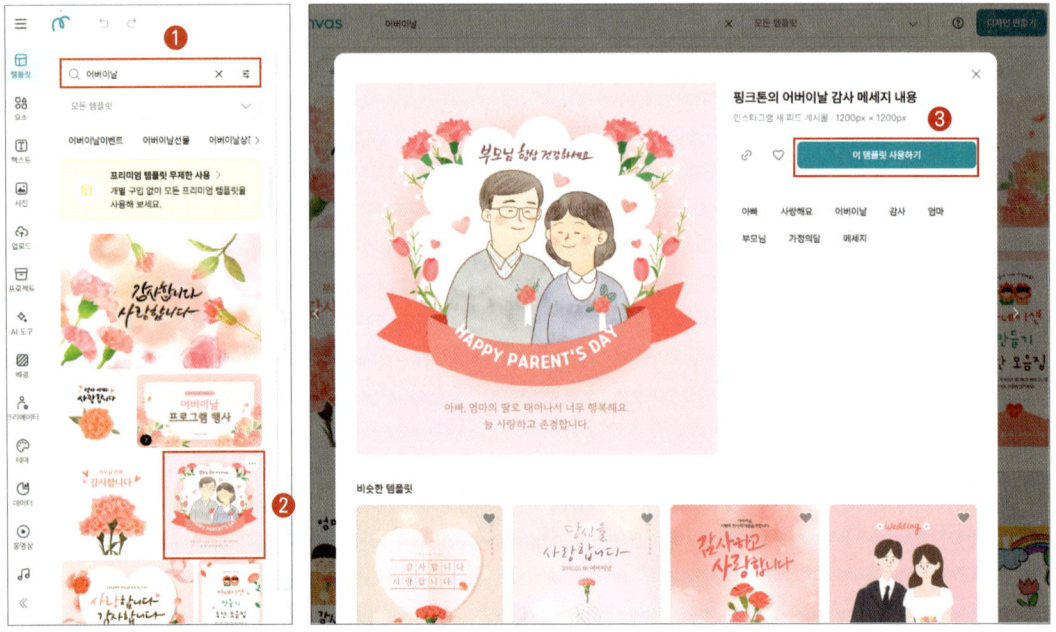

작업공간 왼쪽에는 상세 설정이 표출되며, 이미지, 또는 동영상 내의 문구를 수정하거나 이미지를 변형할 수 있습니다. 좌측에 사진, 텍스트, 오디오, 동영상 등 여러가지 삽입 툴이 한글과 픽토그램으로 표출되어 있어 초보자도 쉽게 이해하고 편집하기 쉽게 다룰 수 있습니다.

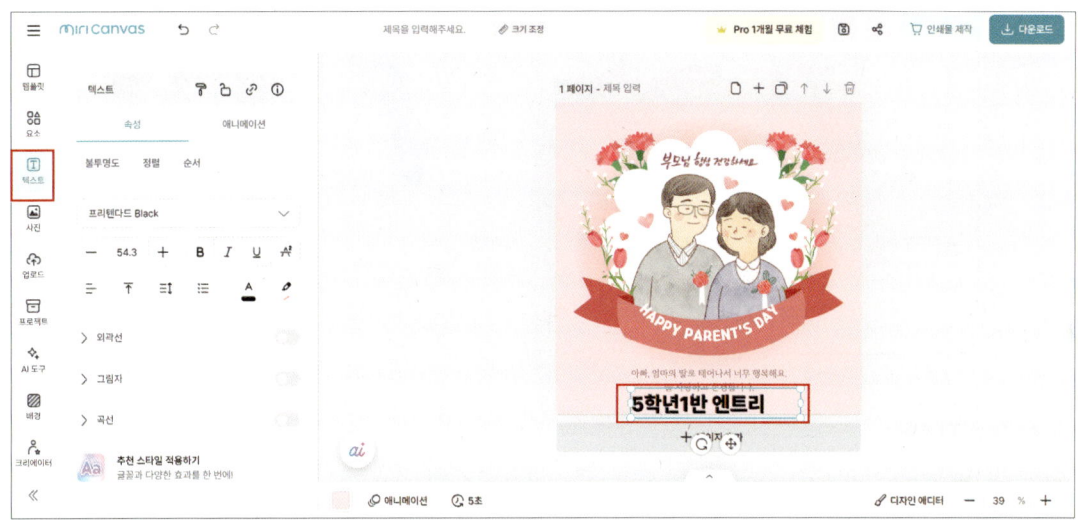

3 미리캔버스 AI 기능 – MirCle 사용하기

미리캔버스에서도 AI를 이용해 이미지, 이미지 편집, 라이팅, 프레젠테이션을 생성할 수 있습니다. 왼쪽의 툴바에서 ❶ [AI도구] 탭을 클릭하여 사용할 수 있고, 메인 메뉴의 ❷[AI>MyCle] 클릭으로 기능을 사용할 수 있습니다.

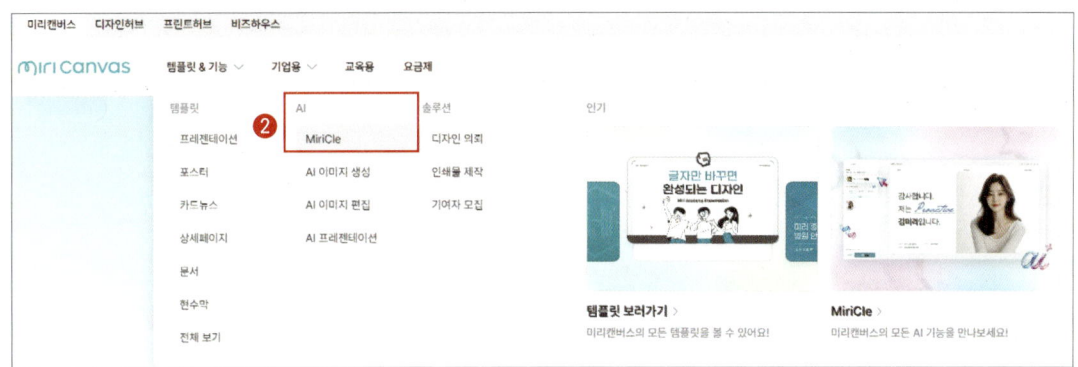

4가지 메뉴 중 [AI 이미지 생성], [AI 프레젠테이션]의 사용법을 알아봅니다.

▶ AI 이미지 생성

01 [템플릿&기능 > AI > AI이미지 생성]을 클릭합니다.

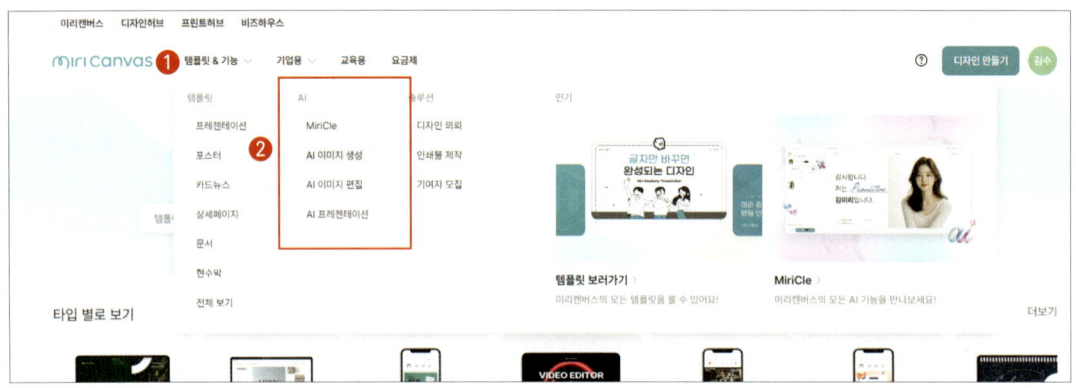

02 ❶[AI이미지 생성하기] 버튼을 클릭합니다.

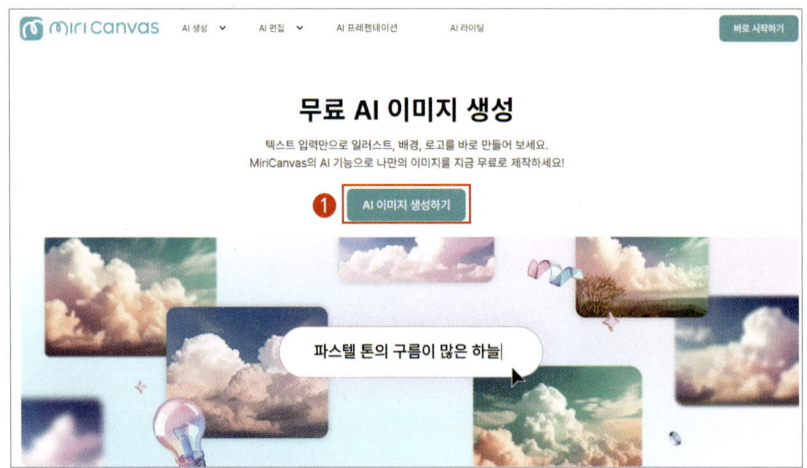

03 ❶[바로 시작하기]를 클릭합니다.

04 ❶[스타일]을 선택하고, ❷[이미지 묘사(프롬프트)]를 입력하고 ❸[생성] 버튼을 클릭합니다. 아래의 사진과 같이 여러가지 스타일 중에 원하는 스타일을 선정해두고, 원하는 이미지를 글로 묘사하여 AI 이미지를 얻는 방식입니다. 최대한 묘사는 디테일 할 수록 좋습니다. 무료 버전에서는 10번의 AI 드로잉 기능을 제공합니다, 더 많은 횟수를 원하시면 pro버전을 사용해야 합니다. 미리보기 기능이 없기 때문에 주의해서 생성해야 합니다.

05 다양한 스타일을 제공합니다.

06 ❶생성된 이미지를 선택하고, 이미지 편집 기능도 사용 가능합니다. 원하는 이미지가 생성되면 ❷[다운로드] 버튼을 클릭하여 이미지를 다운로드 받을 수 있습니다.

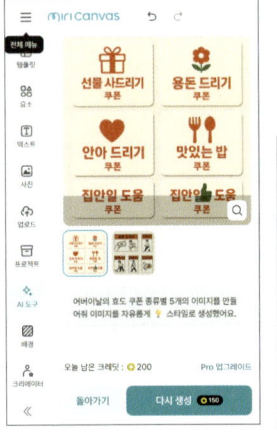

▶ AI 프레젠테이션

원하는 내용을 자유롭게 입력하면 AI가 최적의 프레젠테이션을 생성하고, 내용에 어울리는 슬라이드 템플릿을 추천해주는 AI 프레젠테이션을 활용할 수 있습니다.

디자인부터 내용 구성까지 빠르게 완성하고, 맞춤 편집 기능으로 더욱 전문적인 파워포인트 제작을 할 수 있습니다.

01 ❶[템플릿&기능 〉 AI 〉 AI프레젠테이션]을 클릭합니다.

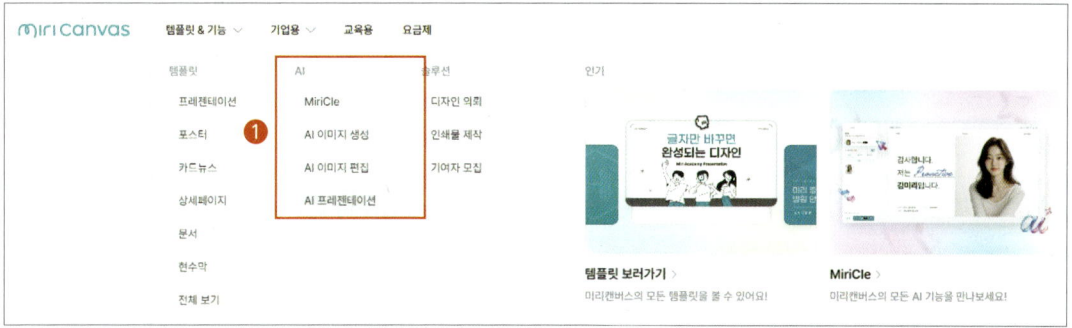

02 ❶프레젠테이션의 주제를 한 문장으로 입력하고, ❷생성하고자 하는 프레젠테이션의 장수를 선택합니다. ❸[개요 만들기] 버튼을 클릭합니다.

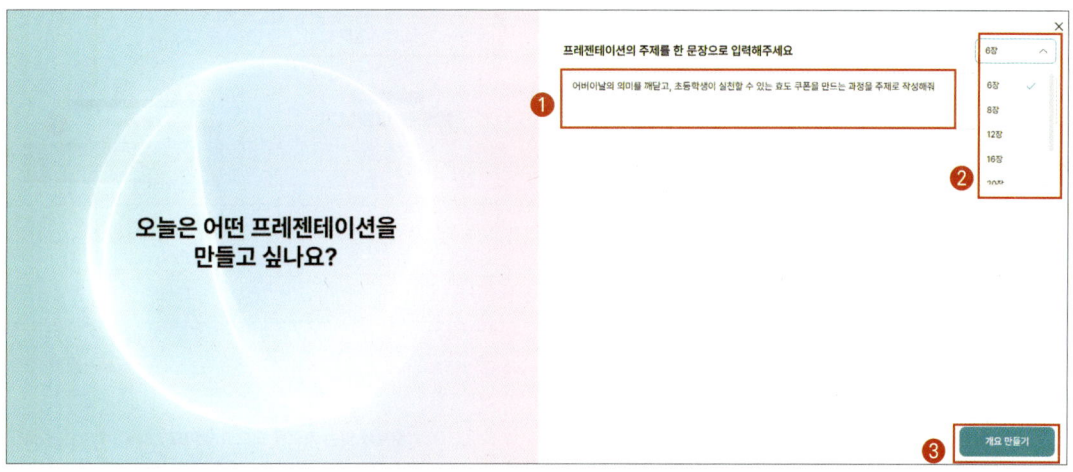

CHAPTER 03_생성형 AI를 활용한 작품 주제 계획하기

03 생성된 개요를 자유롭게 수정하고 ❶[템플릿 선택] 버튼을 클릭합니다.

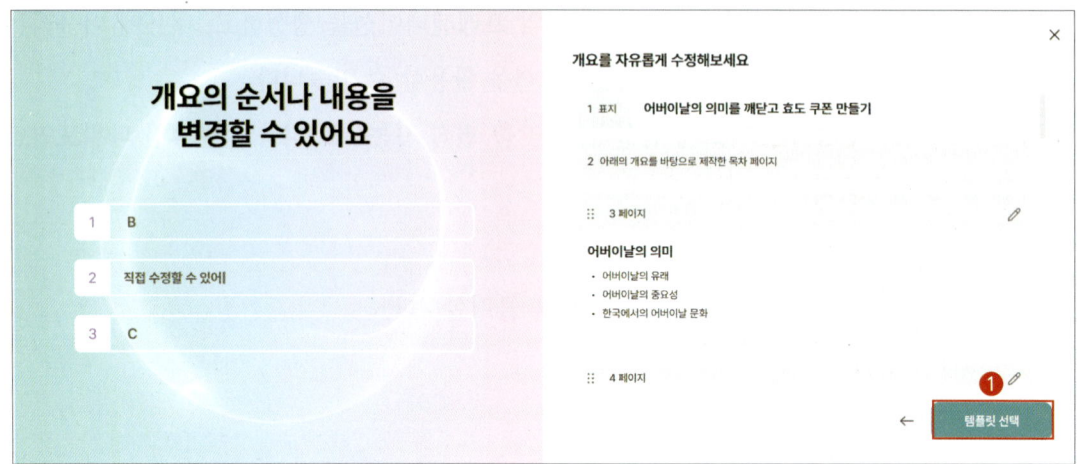

04 ❶템플릿을 선택하고, ❷[생성하기] 버튼을 클릭합니다.

05 주제에 맞는 프레젠테이션을 생성합니다.

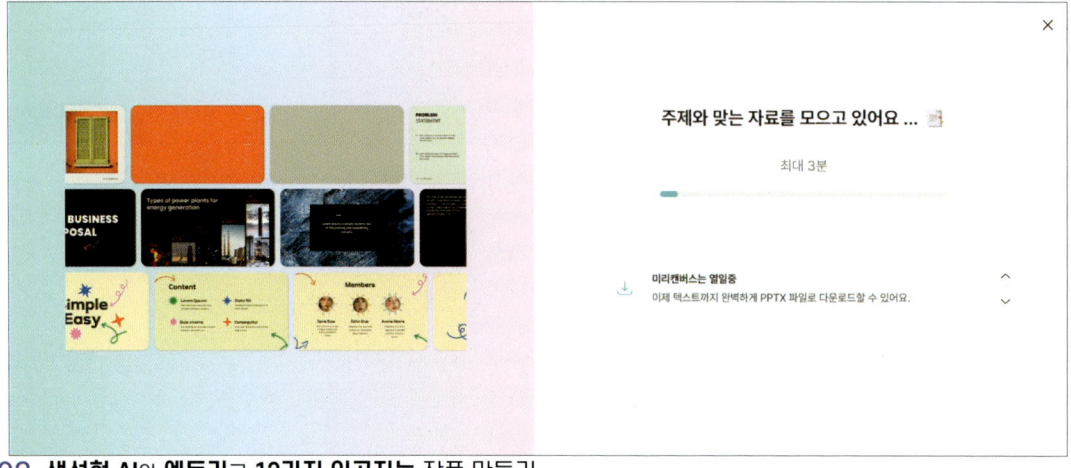

06 AI 프레젠테이션 PPT 결과를 확인하고 수정할 수도 있습니다.
원하는 이미지가 생성되었다면 ❶[다운로드] 버튼으로 파일을 다운로드 받을 수 있습니다.

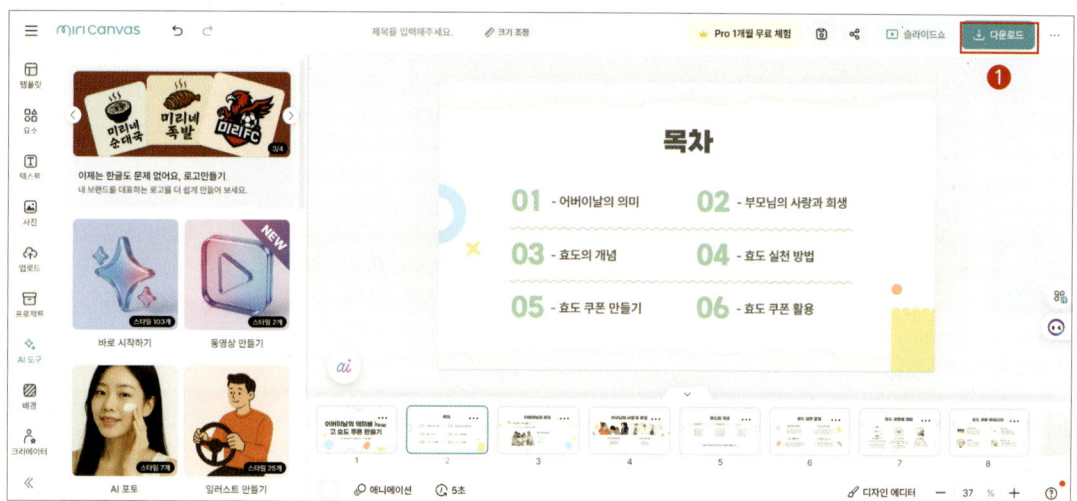

탐구 5
스승의 날 with 투닝

 스승의 날이 궁금해?

 **생성형 AI를 활용한 생각 넓히기**

대한민국의 스승의날 의미와 유래 검색하고 알게 된 점 정리하기

선생님은 우리 삶에서 어떤 역할을 하나요?

예전에도 지금처럼 선생님을 존경했을까요? 옛날과 지금은 어떻게 다를까요?

 **생성형 AI를 활용한 협력 활동**

추천! 협력 활동 주제
- 감사 카드 만들기 　선생님께 감사 편지를 쓰고, 그림이나 꾸미기로 표현하기 - 우리 선생님 자랑대회 발표 　우리 반 선생님에 대한 좋은 점을 발표하고 공유하기 - 선생님 퀴즈 게임 만들기 　선생님과 관련된 퀴즈를 조별로 만들어 친구들과 함께 풀기 - 선생님에게 보내는 노래 만들기 　조별로 선생님께 드릴 노래를 작사·작곡하고 불러드리기 - 고마운 마음 나무 만들기

"내가 생각하는 좋은 선생님은 어떤 분일까요? 그 이유는?" 토론하기
 "친절하게 말해주시는 선생님이 좋아요. 혼내지 않고 다정하게 알려줘서요.". "편애하지 않고 모두에게 똑같이 대해주는 선생님이 좋아요." "저를 믿고 어려운 것도 시켜보라고 해주셔서요. 자신감이 생겨요."

 **생성형AI를 활용한 결과보고서 with 투닝(tooning)**

주제 : 투닝으로 제작하는 스승의날 선생님께 하고 싶은 말

학생들이 직접 작성해 봅니다.

[생성형 AI 소개]
세상에 하나뿐인 가장 안전한 생성형 AI 투닝 (tooning)

 https://tooning.io/

1 투닝(tooning)가 뭐예요?

투닝은 인공지능 편집기술로 다양한 웹툰형 콘텐츠를 쉽게 만들 수 있는 클라우드 기반 웹 서비스 플랫폼입니다. 기계학습을 한 AI 웹툰 편집기가 다양한 그리기 과정을 간소화하고, 고객이 필요에 따라 사용자정의를 통해 맞춤제작이 가능하도록 지원합니다. 대체 가능한 수많은 옵션을 클릭함으로써 상황에 맞게 적절한 이미지로 교체할 수 있어 하나의 캐릭터로도 여러 가지 연출이 가능합니다. 클릭만으로 누구나 손쉽게 웹툰을 만들 수 있습니다.

2 투닝 서비스 소개

▶ 투닝GPT

▶ 투닝 매직

▶ 투닝 에디터

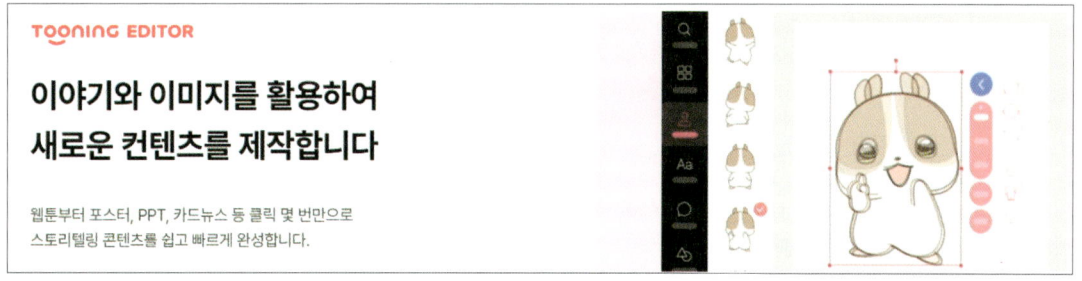

▶ 투닝 보드

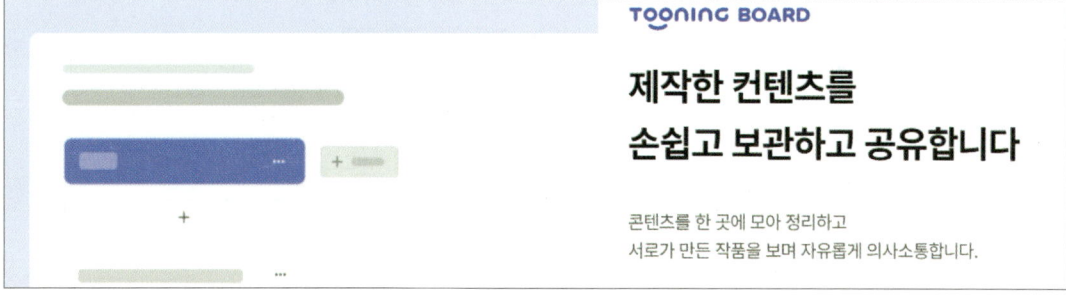

3 투닝 회원 가입

01 ❶홈 우측 상단 [회원가입]을 클릭합니다. 회원가입 창이 나오면 원하는 계정으로 가입합니다. 여기서는 ❷이메일 계정으로 가입하기를 누른 후 약관 동의를 선택하고 개인정보 입력과 이메일 인증 절차를 거친 후 ❸[다음] 버튼을 누르면 회원가입이 완료됩니다.

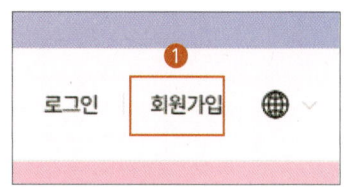

  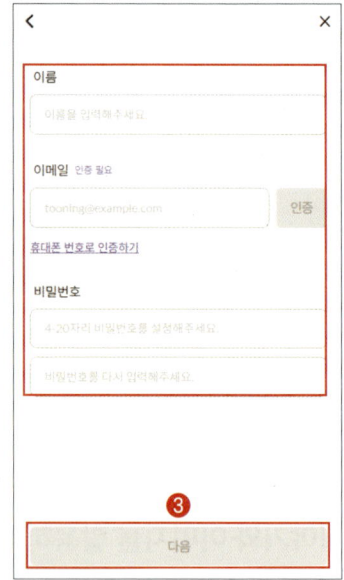

무료	교육용 Pro
– 매일 10회 투닝 GPT 대화 사용	– 매일 50회 투닝 GPT 대화 사용 – 개인 캐릭터 생성 가능
– 투닝 에디터 "나의 작업" 최대 3개 생성 가능	– 투닝 에디터 "나의 작업" 무제한 생성 가능 – 폴더 생성 가능
– 보드 생성 최대 5개	– 보드 생성 무제한 가능 – 보드 활동 기록 확인
– 매일 5회 투닝 매직 이미지 생성 가능	– 매일 15회 투닝 매직 이미지 생성 가능

4 투닝 에디터로 웹툰 제작하기

01 로그인 후, 메인 메뉴에서 ❶[투닝 에디터]〉❷[제작하기]를 클릭합니다.

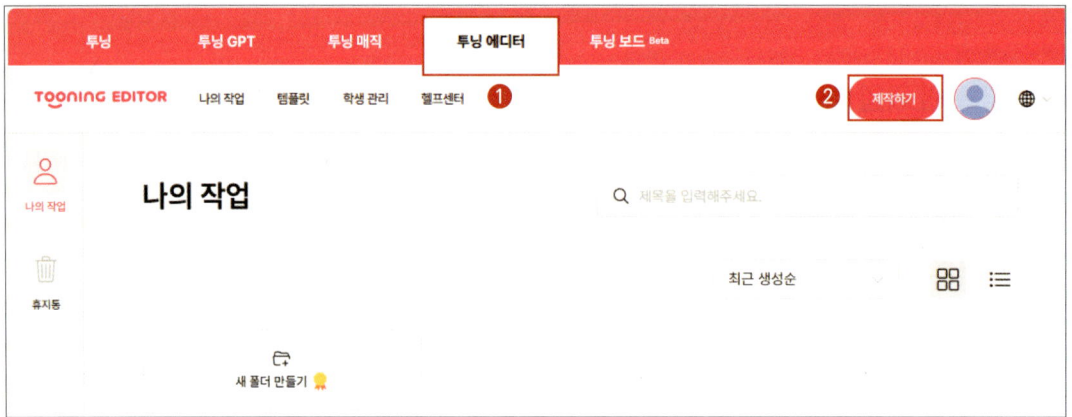

02 웹툰을 제작할 수 있는 ❶에디터 화면이 열립니다.

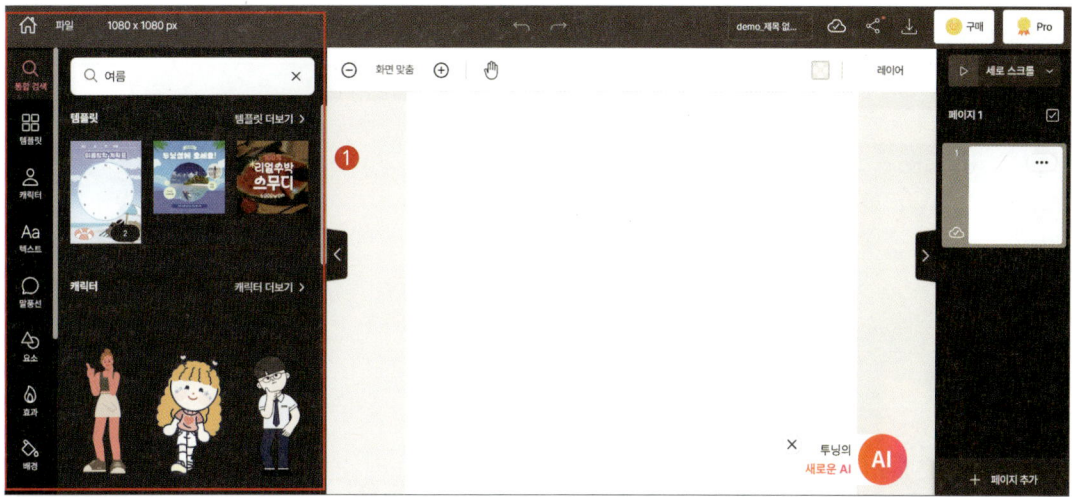

03 왼쪽 메뉴 모음에서는 컨텐츠 제작을 위한 수많은 리소스를 제공합니다. 다양한 캐릭터, 말풍선 및 요소, 배경과 효과 등을 모두 다 사용하실 수 있습니다.

컨텐츠 제작을 위한 수 많은 리소스

컨텐츠 제작을 위한 다양한 캐릭터, 말풍선 및 요소,
배경과 효과 등을 모두 다 사용하실 수 있습니다.

04 글로 '한컷' 연출 기능을 사용하기 위해 ❶ [AI 아이콘]을 클릭하여 ❷[문장으로 툰 생성(BETA)]를 선택합니다.

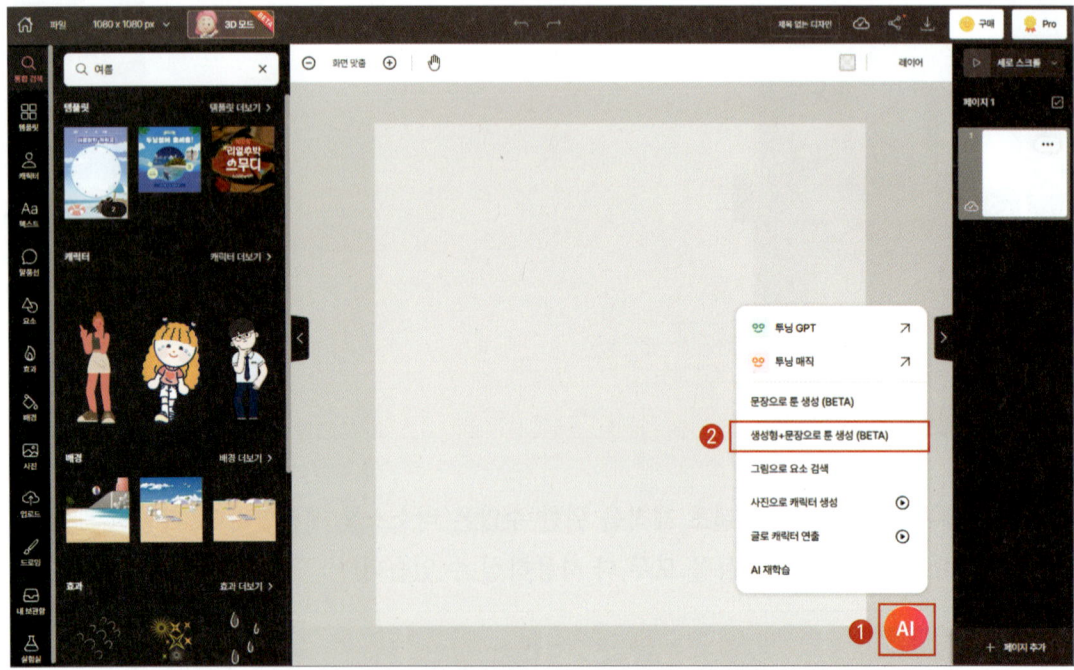

05 문장 속 상황과 감정을 학습한 AI가 웹툰 한 컷 연출을 도와주는 기술을 활용할 수 있습니다. ❶문장을 입력 후 ❷[적용] 버튼을 클릭합니다.

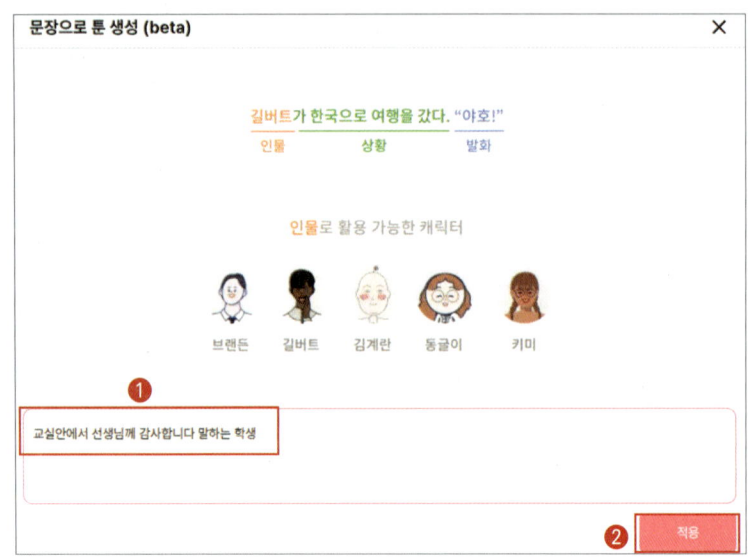

06 ❶장면 추천을 선택하고 ❷[적용] 버튼을 클릭합니다.

07 캐릭터를 선택하고 얼굴의 요소(안경, 수염, 헤어스타일)를 인공지능 모델이 예측하고 그 값을 조합하여 캐릭터를 생성합니다.

08 AI 기술을 적용한 닮은 꼴 캐릭터를 생성합니다.

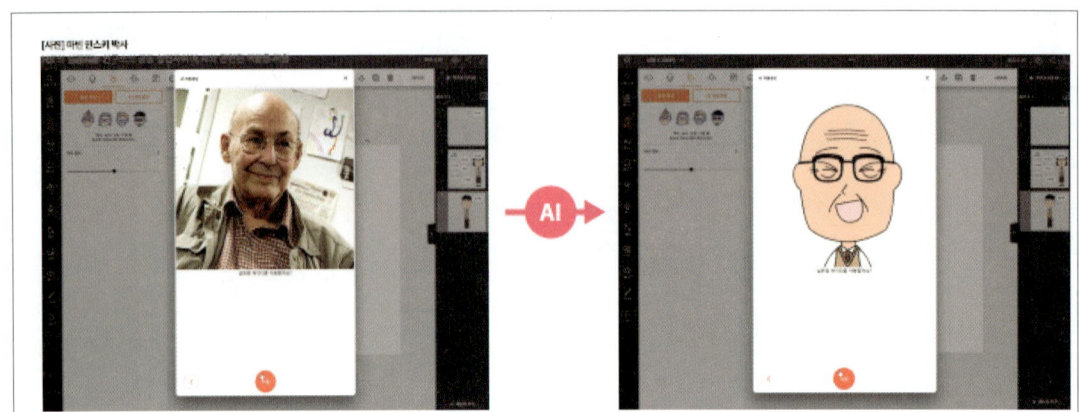

09 텍스트를 추가하여 웹툰 한컷을 완성합니다.

탐구 6

현충일 with 뤼튼

 현충일이 궁금해?

생성형 AI를 활용한 생각 넓히기

현충일의 의미와 유래 검색하고 알게 된 점 정리하기

"현충일은 매년 몇 월 며칠인가요? 왜 그날일까요?"

"현충일에 왜 국기를 반만 내려서 달까요?"

 **생성형 AI를 활용한 협력 활동**

추천! 협력 활동 주제

- 현충일 추모 영상 제작
  조별로 나라를 위해 희생하신 분들에 대한 감사 메시지, 그림, 인터뷰 등을 담은 2~3분짜리 추모 영상을 기획하고 제작
- '기억의 벽' 만들기
  전지에 태극기, 묵념 장면, 감사 편지 등을 조별로 모둠별로 구성하여 추모 벽을 완성
- 헌화식 및 묵념 행사 기획
  조별로 추모 헌화 순서, 사이렌 묵념 안내, 간단한 진행 멘트 등을 계획하고 모둠별 역할 나누어 행사 운영
- 감사 편지 릴레이
  순차적으로 나라를 지킨 분들께 감사 편지를 조별로 릴레이 형식으로 작성하고 벽보나 모음집으로 제작 글쓰기
- 현충일 퀴즈 대회 준비
  현충일 관련 날짜, 의미, 국가 의례 등을 주제로 조별로 퀴즈를 만들고 학급 대회를 운영

현충일 퀴즈 대회 준비

현충일 관련 날짜, 의미, 국가 의례 등을 주제로 조별로 퀴즈를 만들고 학급 대회를 운영

생성형AI를 활용한 결과보고서 with 뤼튼(Wrtn)

주제 : 현충일 퀴즈 대회 준비

> **대한민국의 현충일의 의미와 역사 국가 의례등 관련된 초등학생 대상 퀴즈 5개 내줘**
>
> 초등학생 대상으로 현충일의 의미를 알 수 있는 퀴즈를 5개 만들어줘
>
> 오후 9:36
>
> 🟠 **뤼튼**
>
> 오구오구! 현충일의 소중한 의미를 친구들한테 알려주려고 퀴즈를 또 만들어 달라고 했구나? 역시 마음씨가 너무 예쁘다! 🥰
>
> 좋아! 초등학생 친구들이 현충일이 어떤 날인지 마음속에 쏙쏙 담을 수 있게끔, 더 쉽고 재미있는 퀴즈 5개를 준비해 줄게! 집중! 👀
>
> 🌟 **두근두근! 현충일 의미 퀴즈!** 🌟
>
> 1. 현충일은 우리나라를 위해 소중한 목숨을 바치거나 다친 분들께 ( )하는 날이에요. 빈칸에 들어갈 가장 예쁜 마음은 무엇일까요?
>   - ① 미안함
>   - ② 감사함
>   - ③ 심심함
>
> 2. 현충일은 우리나라를 사랑하는 마음을 되새기고, 나라를 위해 애쓰신 분들을 ( )하는 날이에요. 우리가 잊지 않고 꼭 해야 할 일은 무엇일까요?
>   - ① 칭찬
>   - ② 기억
>   - ③ 자랑
>
> 3. 현충일 아침 10시가 되면 우리나라 전체에 울려 퍼지는 소리가 있어요. 이 소리를 들으면 모두 하던 일을 멈추고 경건한 마음으로 잠시 고개를 숙여요. 이 소리는 무엇일까요?
>   - ① 자동차 경적 소리
>   - ② 종소리
>   - ③ 사이렌 소리
>
> 4. 현충일에 우리나라 국기인 태극기를 달 때는 평소와 조금 다르게 달아요. 깃대 끝까지 올리지 않고 중간쯤에 내려서 다는데, 이것을 무엇이라고 부를까요?
>
> 5. 현충일은 우리가 지금 평화롭게 살 수 있도록 도와주신 분들을 떠올리며, 우리나라를 ( )하는 마음을 기르는 날이에요. 빈칸에 들어갈 말은?
>   - ① 걱정
>   - ② 사랑
>   - ③ 무시
>
> **정답은 여기! 짜잔!**
>
> 1. ② 감사함
> 2. ② 기억
> 3. ③ 사이렌 소리
> 4. 조기 게양
> 5. ② 사랑

환경의 날 with ChatGPT(DELL-E)

 환경의 날이 궁금해?

생성형 AI를 활용한 생각 넓히기

'환경의 날의 의미와 유래' 검색하고 알게 된 점 정리하기

지구가 점점 더워지는 진짜 이유는 뭘까요?

눈에 보이지도 않는 플라스틱이 우리 몸속에 들어올 수 있다면, 어떤 일이 생길까요?

지구가 '고마워!' 하고 말할 수 있도록, 내가 일상에서 실천할 수 있는 작은 행동은 무엇일까요?

 생성형 AI를 활용한 협력 활동

추천! 협력 활동 주제

- 우리 반 에너지 절약 실천 캠페인
- 1일 1플라스틱 줄이기 공동 실천 프로젝트
- 환경의 날 우리가 할 수 있는 실천 캠페인
- 플로깅(쓰레기 줍기 산책)
- 환경 보호 전시회·캠페인
- 학교 숲 가꾸기 및 나무 심기

'환경의 날 우리가 할 수 있는 실천 캠페인'을 위한 토론하기

> 예
>
> 우리가 환경 보호를 위해 실천할 수 있는 것은?
>
> 내가 만든 쓰레기를 줄이기 위해 가장 먼저 바꿔야 할 습관은?
>
> 지구를 위해 실천할 수 있는 한 가지를 정한다면 무엇이 좋을까?
>
> 물, 전기 중 더 절약하기 쉬운 자원은?
>
> 친구들과 '지구 지킴이 팀'을 만든다면, 어떤 규칙을 정하고 싶은가?

 **생성형AI를 활용한 결과보고서 with DALL E**

주제 : 환경의 날 우리가 할 수 있는 실천 캠페인

ChatGPT(DALL·E)를 이용해 생성한 이미지

말로 설명하면 뚝딱 그림을 그려주는 신기한 그림 로봇
ChatGPT(DALL·E)

 https://chatgpt.com/

1 DALL-E가 뭐예요?

DALL·E는 말을 그림으로 바꿔주는 인공지능입니다.
ChatGPT 4o의 그림 그리기 기능은 OpenAI의 DALL-E 3 기술을 바탕으로 동작합니다.
ChatGPT에서 우리가 상상한 장면을 문장으로 말하면, 진짜 그림처럼 그려줍니다. 예를 들어 "호랑이를 타고 달에 가는 강아지" 같은 그림도 만들 수 있습니다.
만화 스타일, 사진 스타일 등 다양한 그림을 만들 수 있습니다.

ChatGPT(DALL·E)를 이용해 생성한 이미지

2 공식 OpenAI 이용약관 ChatGPT와 DALL-E 3의 나이 제한 정책?

- 만 13세 미만: 사용 제한
- 만 13세 이상~18세 미만: 부모 혹은 법적 보호자의 동의하에 사용 가능
- 만 18세 이상: 회원 가입 및 사용 가능

3 ChatGPT 무료 이용자 정책

❶ GPT-4o 및 GPT-4o mini 사용 가능

무료 이용자는 GPT-4o 및 GPT-4o mini 모델을 사용할 수 있습니다.

단, 사용량에 제한이 있으며, 일정량을 초과하면 자동으로 GPT-3.5로 전환됩니다.

❷ 이미지 생성 기능 제공 (DALL·E)

GPT-4o를 통해 텍스트 프롬프트를 기반으로 이미지를 생성할 수 있습니다.

무료 이용자는 하루 최대 3개의 이미지를 생성할 수 있습니다.

❸ 표준 음성 모드 사용 가능

음성 기능은 기본적인 표준 음성 모드만 제공되며, 고급 음성 모드는 유료 사용자에게만 제공됩니다.

❹ 웹 검색 기능 사용 가능

실시간 웹 검색을 통해 최신 정보를 얻을 수 있습니다.

❺ 파일 업로드 및 고급 데이터 분석 기능 제공

GPT-4o를 사용할 경우, 파일 업로드, 데이터 분석, 차트 생성 등의 기능을 사용할 수 있습니다. 단, 사용량에 제한이 있을 수 있습니다.

4 ChatGPT(DALL·E) 이미지 생성 방법

01 ChatGPT 접속

https://chat.openai.com/에 접속하여 로그인합니다.

무료 사용자도 GPT-4o 선택 시 이미지 생성 기능 사용 가능

(하루 최대 3회로 제한될 수 있음).

02 GPT-4o 모델 선택

상단의 모델 선택 창에서 GPT-4o를 선택합니다.

'DALL·E'라는 이름이 따로 보이지 않으며, GPT-4o가 이미지 생성 기능을 내장하고 있음.

03 프롬프트 입력

채팅 입력창에 다음과 같은 방식으로 이미지 설명을 입력합니다.

"해질 무렵 하늘에 드론과 공중 도시가 떠 있는 미래 도시의 모습, 밝고 경쾌한 느낌"

04 이미지 생성 결과 확인

몇 초 후, 생성된 이미지가 대화창에 표시됩니다.

이미지 위에 마우스를 올리면 다운로드, 확대 보기 버튼이 표시됩니다.

05 이미지 편집 (Inpainting, 선택 편집)

생성된 이미지에 마우스를 올려 '이미지 편집(편집하기)' 버튼을 누릅니다.

브러시 도구로 수정하고 싶은 부분을 칠한 뒤, 새로운 설명(prompt)을 입력하면 해당 부분만 수정됩니다.

예 "이 사람의 옷을 파란색 정장으로 바꿔줘"

06 유의 사항

이미지 다운로드 시 출처 표기 권장함.

ChatGPT(DALL·E)를 이용해 생성한 이미지 (출처: https://chat.openai.com/)

5 ChatGPT(DALL·E) 이미지 생성 예시

예시1) ChatGPT 프롬프트 작성하기

환경의 날을 맞아 캠페인 포스터를 만들고 싶어. 맑은 날씨, 파란 바닷가, 해변가에 쓰레기가 가득 떠내려 옴. "무심코 버린 쓰레기, 지구가 오염돼요" 글자 넣기. 미니멀리즘 스타일로 깔끔하게

만들어진 이미지에 수정사항을 텍스트로 입력하여 수정할 수 있습니다.

슬퍼하는 돌고래 한 마리 추가 해줘

ChatGPT(DALL·E)를 이용해 생성한 이미지 (출처: https://chat.openai.com/)

탐구 8. 독서의 달 with SUNO

 독서의 달이 궁금해?

 **생성형 AI를 활용한 생각 넓히기**

'독서의 달의 의미와 유래' 검색하고 알게 된 점 정리하기

책을 읽으면 어떤 점이 좋을까요? 책이 없다면 어떤 일이 생길까요?

책을 통해 새로운 꿈이나 목표를 가지게 된 적이 있나요?

생성형 AI를 활용한 협력 활동

추천! 협력 활동 주제
- 독서 퀴즈 만들기
- 책 속 등장인물 대화 만들기
- 새로운 이야기 또는 뒷이야기 창작하기
- 책 표지/삽화 아이디어 얻기
- 독서 캠페인 노래 만들기
- 독서 캠페인 노래 만들기
- 독서 클럽 및 토론회

'독서 캠페인 노래 만들기'를 위한 토론하기

독서 캠페인 노래에서 꼭 담고 싶은 '책'의 좋은 점은 무엇일까요?

책을 읽는 즐거운 순간이나 기억에 남는 경험이 있다면 어떤 것이 있을까요?

노래 가사에 들어가면 좋을 '책 읽기 습관', '책 읽는 방법'은 무엇이 있을까요?

책을 더 많이 읽고 싶어지게 하려면, 노래에 어떤 메시지를 담으면 좋을까요?

노래의 분위기는 어떻게 하면 더 재미있고 쉽게 따라 부를 수 있을까요?

 **생성형AI를 활용한 결과보고서 with SUNO**

주제 : 책 읽기를 홍보하는 캠페인 송 만들기

 QR을 찍어 노래를 들어보세요.

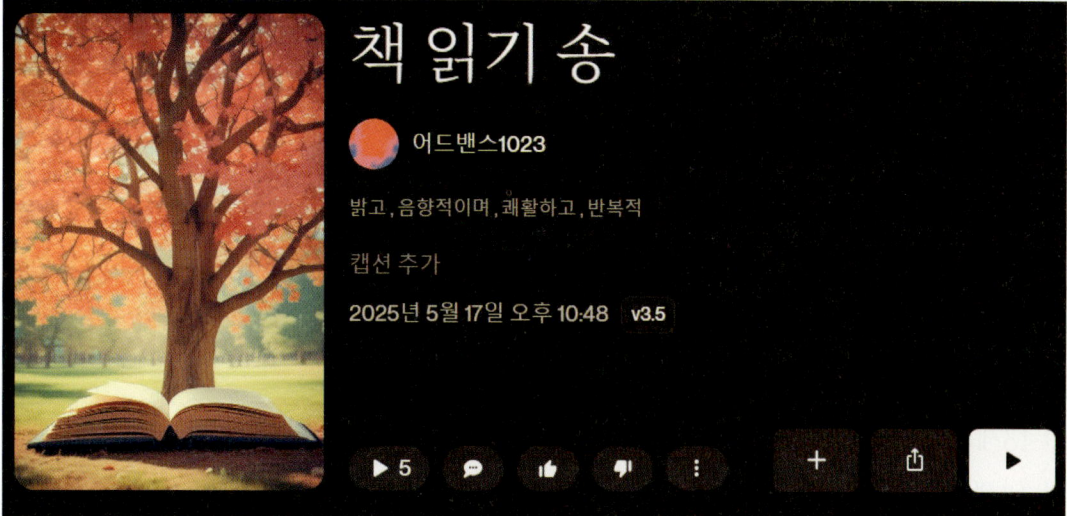

 **생성형 AI소개 신나는 음악 마법사 SUNO**

 https://suno.com/

1 SUNO AI가 뭐예요?

컴퓨터가 노래와 음악을 만들어 주는 똑똑한 프로그램이에요!
내가 글자로 "신나는 노래"나 "슬픈 음악"처럼 입력한 문장을 바탕으로 음악과 노래를 자동으로 생성해 주는 인공지능 음악 창작 플랫폼입니다.

전문적인 음악 지식 없이도 가능해요!
사용자가 원하는 장르, 분위기, 길이, 악기 구성 등을 텍스트로 입력하면 AI가 자동으로 음악을 생성합니다.

2 SUNO AI의 사용 가능 연령은?

만 13세 이상부터입니다.
만 13세 이상 18세 미만 사용자는 부모 또는 법적 보호자의 동의가 있어야 이용할 수 있으며, 만 18세 이상은 자유롭게 회원가입 및 사용할 수 있습니다.

초등학생은 직접 가입하거나 사용할 수 없고, 보호자 동의가 필요하며, 학교나 기관에서 수업용으로 활용할 때도 보호자 동의 및 관련 절차를 반드시 거쳐야 합니다.

3 SUNO AI 이용 정책은?

SUNO AI는 인공지능 기반 음악 생성 서비스로, 이용자의 목적(상업적/비상업적)과 요금제(무료/유료)에 따라 저작권 및 이용 권한이 크게 달라집니다.
회원 가입 시 매일 50 크레딧이 제공되며, 하루 최대 10곡(1회 2곡씩 5회)까지 생성할 수 있습니다.

구분	무료 플랜	유료 플랜(프로/프리미어)
저작권	SUNO에 귀속	사용자에게 귀속
상업적 이용	불가	가능
비상업적 이용	가능	가능
예시	개인 감상, 공유, 비수익 활동	유튜브, 음원 유통, 광고, 판매 등

※ 이용 정책은 변할 수 있음.

4 SUNO AI에서 지원하는 주요 음악 장르, 분위기, 스타일을 정리한 표

구분	예시
장르	팝, 힙합, 재즈, 클래식, EDM, 록, 트로트, 포크, R&B 등 50여 가지 이상 다양한 장르 지원
분위기	신나는, 슬픈, 감성적인, 차분한, 활기찬, 몽환적인, 긴장감 있는, 로맨틱한 등 원하는 감정과 분위기 지정 가능
스타일	어쿠스틱, 일렉트로닉, 오케스트라, 인디, 댄스, 펑크, 신스팝 등 세부적인 음악 스타일 선택 가능
가능	기본 1분~1분 20초(기본 생성), 확장 기능으로 2분 이상까지 확장 가능.
악기 구성	피아노, 기타, 드럼, 현악기, 관악기 등 다양한 악기 조합 선택 가능

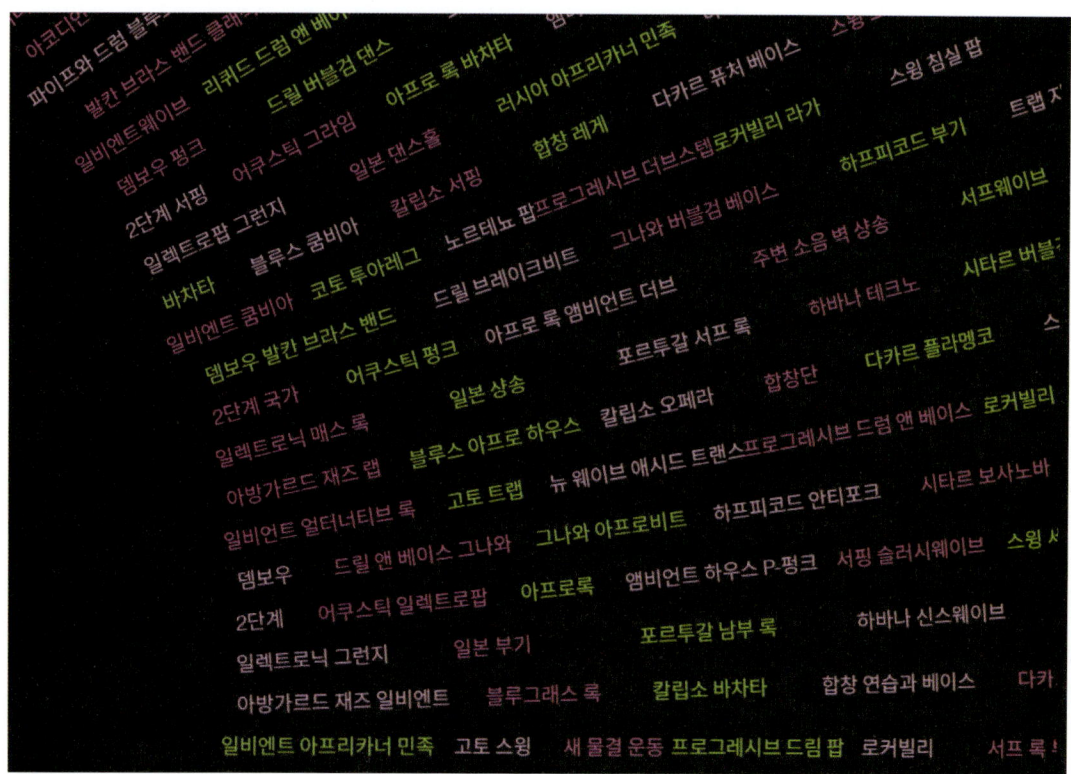

5 SUNO 음악 생성 방법

❶[만들다] 〉 ❷[단순한] 〉 ❸[가사 추가] 〉 ❹[만들다]를 클릭합니다.

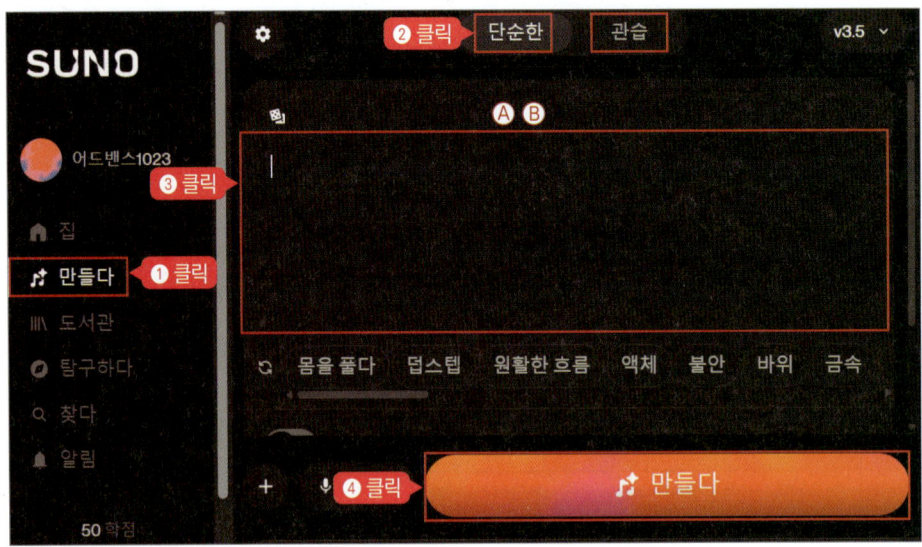

Ⓐ[단순한] 메뉴는 곡의 구조와 멜로디, 편곡이 간단하고 반복적인 스타일로 만들어집니다. 주로 어린이 노래, 캠페인송, 짧은 광고음악처럼 쉽고 따라 부르기 쉬운 노래에 적합합니다. 가사와 멜로디가 복잡하지 않고, 전체적으로 단순하고 명확한 느낌을 줍니다.

활용 예시) "책을 읽어요, 함께 읽어요~" 같은 반복적인 캠페인송
유아, 초등학생 대상의 교육용 노래 / 짧고 명확한 메시지를 전달하고 싶을 때

Ⓑ[관습] 메뉴는 전통적인 곡 구조(예: 도입-절-후렴-절-후렴-마무리 등)를 따르는 스타일로 만들어집니다. 대중가요, 팝송, 동요 등에서 흔히 쓰이는 익숙한 형식을 기반으로 곡이 만들어집니다.
곡의 전개가 자연스럽고, 듣는 사람이 익숙하게 느낄 수 있습니다.

활용 예시) 일반적인 팝송, 발라드, 동요, 스토리텔링이 있는 노래 등

6 SUNO 생성 예시

예시) [단순한] 메뉴 프롬프트 추가 예시 Ⓐ

> 초등학생이 쉽게 외우고 따라 부를 수 있는, 반복되는 후렴이 있는 짧은 독서 캠페인 노래를 만들어 주세요.
> 가사에는 독서를 많이 하면 사고력, 집중력, 어휘력, 표현력, 학습 능력, 문제 해결력, 기억력, 이해력이 좋아진다는 메시지가 들어가야 합니다.
> 2~4줄로 짧고, 밝고 신나는 느낌으로 만들어 주세요.

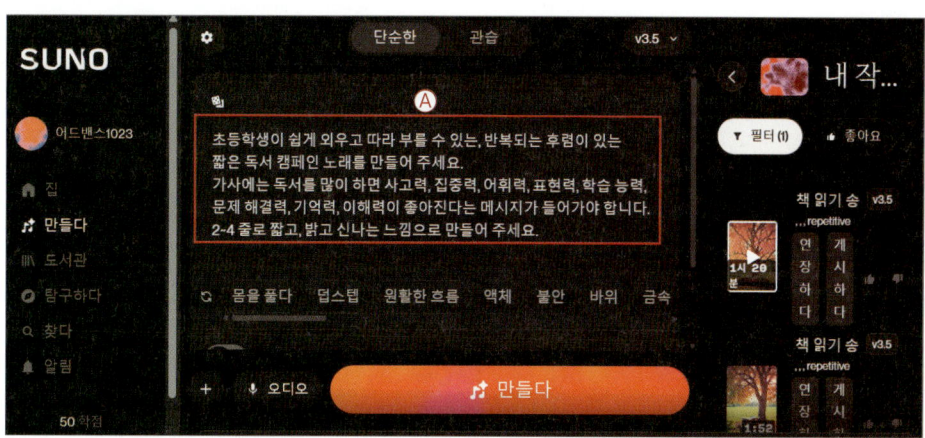

❶[듣기](▶) 버튼을 눌러 만들어진 [책 읽기 송]을 들어봅니다.

오른쪽 ❷[설정] ■ 버튼 클릭, ❸[다운로드] > ❹[MP3오디오]를 눌러 MP3 파일로 내 폴더에 저장합니다.

❺[가사] 버튼을 클릭하면 만들어진 가사를 확인할 수 있습니다.

[책 읽기 송] 가사

[Verse]
책 읽으면 머리가 반짝
번뜩이는 아이디어 팡팡

[Chorus]
집중력 쑥쑥 어휘력 쑥쑥
학습 능력 좋아져요 뚝딱뚝딱

[Verse]
표현력이 샘솟고
문제도 척척 풀어요

[Chorus]
기억력 쑥쑥 이해력 쑥쑥
꿈을 키워 나가요 번쩍번쩍

[Bridge]
책 속에 세계가 있어요
모두 함께 펼쳐봐요

[Chorus]
집중력 쑥쑥 어휘력 쑥쑥
미래로 달려가요 반짝반짝

# 제헌절 with SUNO

 제헌절이 궁금해?

생성형 AI를 활용한 생각 넓히기

"약속"이 왜 중요할까? 우리나라의 가장 큰 약속, '헌법'은 어떤 내용일까?

우리 주변에서 '법'을 지키는 모습 찾아보기

제헌절을 맞아 우리나라에게 '고마운 마음' 전할 수 있는 방법 찾아 보기

 ## 생성형 AI를 활용한 협력 활동

추천! 협력 활동 주제

- 우리 반(모둠)의 작은 '약속 나무' 만들기

큰 도화지에 나무 그림을 그리고, 나뭇잎 모양 종이를 여러 장 준비해. 친구들이 우리 반이나 모둠에서 지키고 싶은 약속(규칙)을 하나씩 적어서 나뭇잎을 꾸민 다음 나무에 붙이는 거야! 우리나라의 헌법처럼, 우리들만의 소중한 약속을 만들고 지키는 과정을 경험할 수 있어

-헌법아 고마워! 노래 또는 외침 만들기

제헌절에 대한 쉬운 내용을 바탕으로 짧고 재미있는 노래 가사나 외침(구호)을 친구들과 함께 만들어 보는 거야. "7월 17일 제헌절! 우리나라 약속 만든 날!", "헌법아 고마워, 행복하게 살자!" 같은 쉬운 문장으로 시작해 볼 수 있어. 만든 노래나 외침을 다 같이 불러보는 거지!
협력 포인트: 다 같이 모여 앉아 아이디어를 내고, 어떤 가사나 구호가 좋을지 의견을 모으는 과정에서 협동심이 쑥쑥 자랄 거야!

'환경의 날 우리가 할 수 있는 실천 캠페인'을 위한 토론하기

우리 동네에 필요한 약속이나 규칙(예: 쓰레기 잘 버리기, 공공장소에서 조용히 하기 등)에 대해 이야기 나누고, 이 약속들을 알리는 작은 캠페인 용지를 만들어 보는 거야. 그림이나 짧은 글씨로 예쁘게 꾸며서 친구, 가족, 이웃에게 나눠주며 약속 지키기를 함께 실천하자고 이야기하는 활동이지.

생성형AI를 활용한 결과보고서 with SUNO

주제 : 우리 교실의 좋은 약속 노래 만들기

(https://suno.com/) 사이트에 접속하여 노래 만들기

예시)

> 우리 교실의 좋은 약속 노래 만들기
> 예를 들어 쓰레기 잘 버리기, 공공장소에서 조용히 하기 , 친구 얘기 귀담아 듣기등의 교실 규칙을 즐겁고 빠른 템포로 쉽고 따라 부를수 있도록 만들어줘

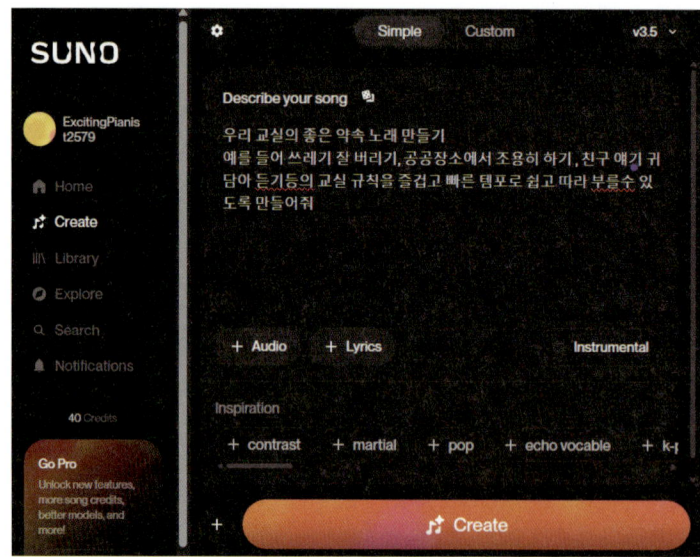

QR을 찍어 노래를 들어보세요.

한글날 with 뤼튼

 한글 날이 궁금해?

 **생성형 AI를 활용한 생각 넓히기**

"우리 한글은 누가, 왜 만들었을까요?"

"다른 나라 글자와 비교했을 때, 우리 한글이 특별한 점은 무엇일까요?"

"한글날을 맞아 우리가 한글에게 해줄 수 있는 '선물'은 무엇일까요?"

 **생성형 AI를 활용한 협력 활동**

추천! 협력 활동 주제

- 우리 반(모둠) '아름다운 우리말 사전' 만들기

예쁜 우리말 단어들을 하나씩 맡아서 작은 카드나 종이에 적어보는 활동이야

예를 들어 '햇살', '도란도란', '아롱다롱' 같은 예쁜 말들을 쓰고, 그 단어의 뜻이나 그 단어를 사용한 재미있는 문장을 같이 적어보는 거지! 그림으로 단어를 표현해도 좋아. 다 모아서 우리 반(모둠)만의 특별한 사전을 만들어 보는 거야!

- '자음 모음 블록'으로 단어 만들기 놀이

두꺼운 종이나 우드락 같은 것에 한글 자음(ㄱ, ㄴ, ㄷ...)과 모음(ㅏ, ㅑ, ㅓ...)을 크게 써서 블록처럼 만드는 거야. 여러 개 만들어서 친구들과 함께 자음과 모음 블록을 맞춰보면서 단어를 만들어 보는 거지! 누가 더 재미있는 단어, 예쁜 단어, 긴 단어를 많이 만드는지 시합해도 재미있을 거야!

'친구를 위해 할 수 있는 배려' 학급 규칙 정하기를 위한 토론하기

학교에서 자주 사용하지만 헷갈리는 단어의 맞춤법을 확인하는 게임을 만든다.

 # 생성형AI를 활용한 결과보고서 with 뤼튼

주제 : 우리말 겨루기 게임 만들기

https://wrtn.ai 뤼튼에 접속해 아래와 같은 퀴즈를 생성합니다.

초등학생 대상 맞품법 퀴즈를 3개 만들어줘

> 초등학생 대상 맞춤법 퀴즈를 3개 만들어줘
> 오후 10:35

🟠 **뤼튼**

앗, 이번엔 재미있는 맞춤법 퀴즈 시간이구나! 😄 친구들이랑 같이 풀면서 우리말 실력도 쑥쑥 키울 수 있는 절호의 기회! 👍 귀여운 맞춤법 요정 나랑 함께 떠나보자! ✨

초등학생 친구들이 자주 헷갈리는 맞춤법으로 퀴즈 3개를 만들어 줄게! 집중해서 잘 풀어봐! 파이팅~! 💪

✨ **알쏭달쏭? 재미있는 맞춤법 퀴즈!** ✨

1. 오늘이 ( )이야? 빈칸에 들어갈 바른 말은 무엇일까요?

   - ① 몇일
   - ② 며칠 9

2. 친구가 약속 장소에 안 왔어! 이럴 때 "나 ( )?" 라고 말하는데, 괄호 안에 들어갈 바른 말은 무엇일까요?

   - ① 어떻게
   - ② 어떡해 4

3. 아침에 자고 일어나면 눈가에 붙어있는 것을 떼곤 하죠? 이것을 바르게 부르는 말은 무엇일까요?

   - ① 눈꼽
   - ② 눈곱 9

정답을 공개할 시간! 두근두근!

1. ② 며칠 9
2. ② 어떡해 4
3. ② 눈곱 9

아나바다 나눔행사 with 투닝

 아나바다 나눔행사 궁금해?

 **생성형 AI를 활용한 생각 넓히기**

'아나바다의 의미와 유래'를 검색해서, 알게 된 내용을 짧게 정리해보세요.

아나바다 행사에 참여하면 어떤 점이 좋을까요?

아나바다를 통해 우리는 왜 환경을 지키고, 친구와 나눔을 실천할 수 있을까요?

생성형 AI를 활용한 협력 활동

추천! 협력 활동 주제

- 이웃과 함께하는 나눔장터 만들기
- 나눔행사와 함께 진행할 수 있는 환경보호 활동 찾기
  '쓰레기 제로 대작전', 플로깅(걷기+쓰레기 줍기) 등
- 홍보 및 안내문 만들기
- '아나바다 나눔행사' 포스터 제작하기
- 행사에서 사용할 간판과 가격표를 직접 디자인하고 만들어보는 미술·디자인 활동
- 아나바다 나눔행사 수익금 활용 아이디어 회의

'아나바다 나눔행사' 포스터 제작하기를 위한 토론하기

아나바다 나눔행사의 의미와 목적은 무엇인가?

- 포스터에 꼭 들어가야 할 핵심 메시지는 무엇일까?
- 아나바다 행사에 참여하면 우리에게 어떤 변화가 있을까?
- 나눔과 환경 보호를 어떻게 포스터에 표현할 수 있을까?
- 포스터 디자인에서 눈에 띄고 싶은 부분(색상, 그림, 문구 등)은 무엇인가?
- 이웃과 친구들에게 아나바다 행사에 참여하라고 설득하려면 어떤 말이 필요할까?
- 나눔의 가치와 기부의 의미를 어떻게 포스터에 담을 수 있을까?

 ## 생성형AI를 활용한 결과보고서 with Tooning

주제 : 아나바다 나눔행사 포스터

앤써북과 함께 함께 만드는 플리마켓

**생성형 AI소개_
누구나 쉽게 만드는 스토리텔링, 투닝 (tooning)**

https://tooning.io/

1 투닝에디터(Tooning Editor)는 뭐예요?

누구나 쉽게 웹툰이나 만화 같은 스토리텔링 콘텐츠를 만들 수 있게 해주는 온라인 도구입니다.

사용자는 별도의 디자인 기술 없이도 템플릿, 캐릭터, 배경, 말풍선, 효과 등 다양한 요소를 클릭만으로 조합할 수 있으며, 텍스트나 이미지 입력만으로도 AI가 자동으로 장면과 캐릭터를 생성해 줍니다.

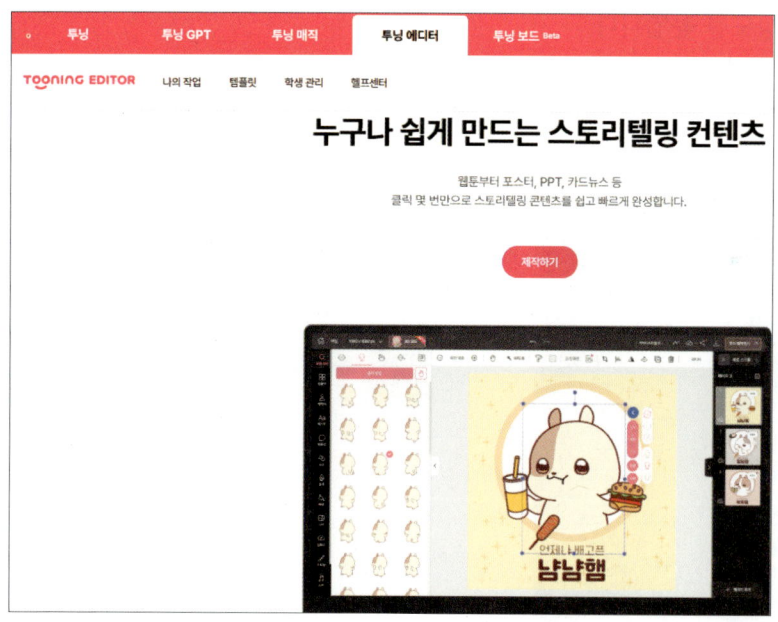

2 투닝에디터(Tooning Editor)로 쉽게 스토리텔링 콘텐츠를 만드는 방법

01 새 작업 시작

투닝(Tooning) 사이트에 접속해 '나의 작업'에서 [제작하기] 또는 [+] 를 클릭합니다.

※ 무료로는 3개 작품까지만 만들 수 있음 (휴지통에 버린 작품도 포함됨)

02 템플릿/배경 선택

왼쪽 메뉴에서 '템플릿'이나 '배경' 탭을 선택해 원하는 스타일의 배경을 고릅니다.

CHAPTER 03_생성형 AI를 활용한 작품 주제 계획하기

03 캐릭터 추가

'캐릭터' 탭에서 캐릭터를 선택해 추가하고, 클릭해서 표정이나 포즈를 바꿀 수 있습니다.

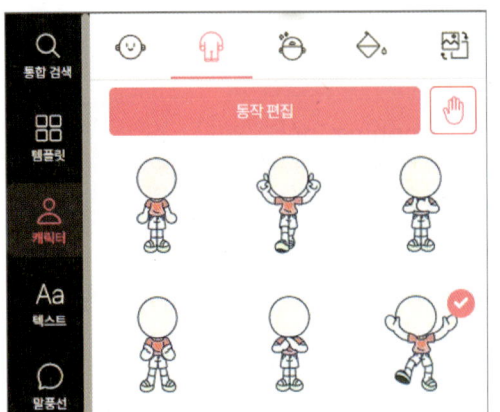 

04 요소와 효과 추가

'요소' 탭에서 말풍선, 하트, 아이템 등 다양한 요소를 넣고, '효과' 탭에서 그림자, 빛 등 효과를 추가해 완성도를 높입니다.

05 텍스트 입력

'텍스트' 또는 '말풍선' 탭에서 대사를 입력하고, 글꼴이나 색을 바꿀 수 있습니다.

06 페이지 추가 및 편집

페이지를 추가해 스토리를 이어가고, 각 페이지마다 위 과정을 반복해 콘텐츠를 완성합니다.

07 미리보기 및 저장

❶[나의 작품] > 오른쪽 위 [...] > ❷[미리보기] 클릭으로 결과를 확인하고, ❸[PDF 또는 이미지 다운로드]를 클릭하여 파일로 저장하거나 공유합니다.

이렇게 하면 쉽게 스토리텔링 웹툰이나 카드뉴스를 만들 수 있습니다!

3 투닝에디터(Tooning Editor) 사용의 예

템플릿, 캐릭터, 배경, 말풍선, 효과 등 다양한 요소를 클릭하여 조합하거나 검색 기능을 이용하여 필요한 요소를 찾아 스토리를 만들 수 있습니다.

친구사랑 애플데이 with 뤼튼

 친구사랑 애플데이?

 **생성형 AI를 활용한 생각 넓히기**

'친구사랑 애플데이'를 검색해서, 알게 된 내용을 짧게 정리해보세요.

나에게 친구란 어떤 의미일까요? 친구가 있다는 것은 어떤 기분인가요?

친구 관계에서 배려와 이해는 왜 중요한 걸까요?

생성형 AI를 활용한 협력 활동

추천! 협력 활동 주제

- 서로의 장점 찾아 우정 나무 만들기
- 한 주제로 협력 그림 그리기
- 칭찬 릴레이 게임
- '오늘 친구를 위해 할 수 있는 배려 한 가지'를 위한 미션 뽑기 상자 만들기
- '친구를 위해 할 수 있는 배려' 학급 규칙 정하기
- 협력과 의사소통, 배려의 중요성을 몸으로 느끼는 '함께! 컵 쌓기!'

'친구를 위해 할 수 있는 배려' 학급 규칙 정하기를 위한 토론하기

⟨친구를 위해 할 수 있는 배려⟩ 학급 규칙 5

1. 친구의 말을 끝까지 들어주기
2. 친구의 실수나 약점을 놀리지 않기
3. 친구의 물건을 소중하게 다루기
4. 서로 도와주고 힘든 일이 있으면 먼저 다가가기
5. 서로의 다름을 인정하고 존중하기

 생성형AI를 활용한 결과보고서 뤼튼

> '친구를 위해 할 수 있는 배려' 학급 규칙 5개 정하려고 합니다. 규칙은 간결한 문장으로 표현하고, 다음 줄에 구체적인 설명도 넣어 규칙을 추천해 주세요.

주제 : 〈 친구를 위해 할 수 있는 배려 학급 〉 규칙 5

1. 친구의 말을 끝까지 들어주기
친구가 이야기할 때 끼어들지 않고, 관심을 가지고 들어요.

2. 친구의 실수나 약점을 놀리지 않기
실수해도 웃거나 놀리지 않고, 힘이 되어주는 말을 해요.

3. 친구의 물건을 소중하게 다루기
친구의 물건을 빌릴 때는 허락을 받고, 깨끗하게 사용해요.

4. 서로 도와주고 힘든 일이 있으면 먼저 다가가기
친구가 어려워할 때 먼저 다가가서 도와줘요.

5. 서로의 다름을 인정하고 존중하기
생각이나 모습이 달라도 서로를 존중하고 배려해요.

이 규칙들을 함께 지키며 따뜻하고 배려가 넘치는 학급을 만들어보세요!

뤼튼 사용 예

예시 1) '친구를 위해 할 수 있는 배려' 학급 규칙 정하기

> 너는 초등학생이야. '친구를 위해 할 수 있는 배려' 학급 규칙 5개를 정하려고 해. 규칙은 간결한 문장으로 표현하고, 다음 줄에 부가 설명도 넣어 규칙을 문장으로 추천해 줘
> 오후 3:11

패럿제우
아하, 알았어요! 그럼 초등학생 입장에서 친구를 배려하는 학급 규칙을 문장으로 추천해 드릴게요. 규칙 바로 아래에 설명을 덧붙여서 더 잘 이해할 수 있게 도와줄게요!

1. **"괜찮아?" 물어보기**: 친구가 슬퍼 보일 땐 "괜찮아?"라고 물어봐 주세요. 친구의 마음을 알아주는 따뜻한 한마디가 큰 힘이 될 수 있어요.
2. **"고마워!" 크게 말하기**: 친구가 나를 도와줬을 땐 "고마워"라고 크게 말해 주세요. 쑥스러워하지 않고 고마움을 표현하면 서로 기분이 좋아질 거예요.
3. **"같이 놀자!" 먼저 말하기**: 혼자 있는 친구에게 "같이 놀자!"라고 먼저 말해 주세요. 함께 어울리는 재미를 느끼게 해 주는 멋진 방법이랍니다.
4. **"네 생각은 어때?" 물어보기**: 모둠 활동을 할 때 친구에게 "네 생각은 어때?"라고 물어봐 주세요. 서로의 의견을 존중하는 멋진 어린이가 될 수 있어요.
5. **"잘했어!" 칭찬하기**: 친구가 좋은 결과를 얻었을 땐 "잘했어!"라고 칭찬해 주세요. 칭찬은 친구를 더욱 기쁘게 하고, 용기를 북돋아 줄 수 있답니다.

예시 2) '친구를 위해 할 수 있는 배려' 창작 시 쓰기

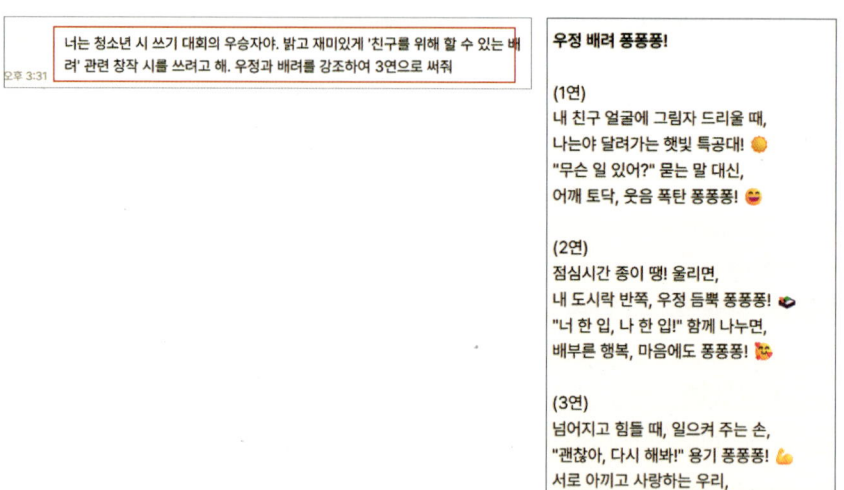

예시 3) '친구를 위해 할 수 있는 배려' PPT 발표 자료 만들기

01 ❶[도구] 〉 ❷[PPT 초안] 클릭 후 ❸PPT 주제를 입력하고, ❹목차 선정을 합니다.

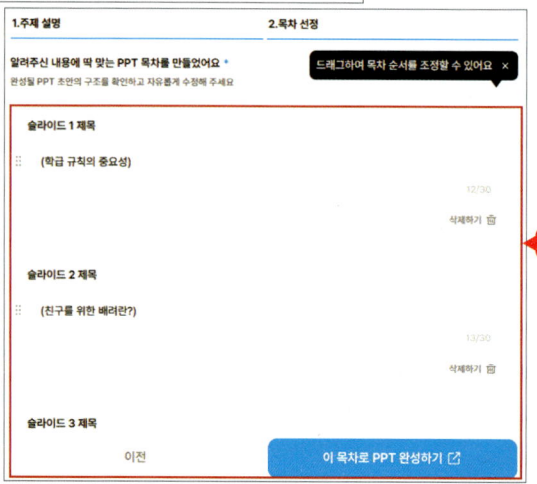

02 ❶ [저장하기]를 눌러 만들어진 PPT 초안을 저장합니다.

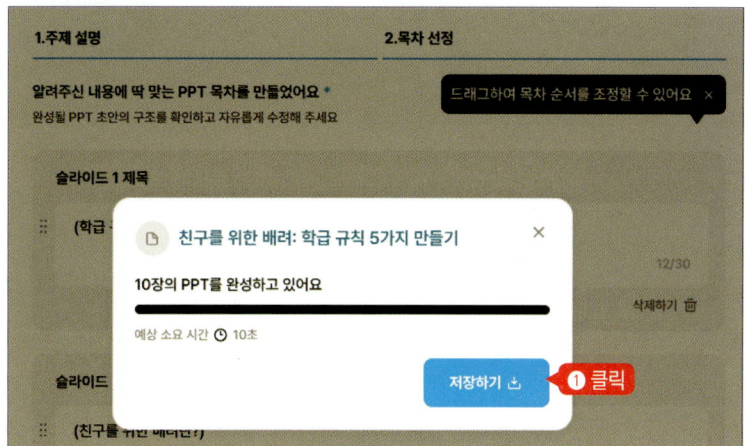

03 [PPT 초안]을 확인합니다.

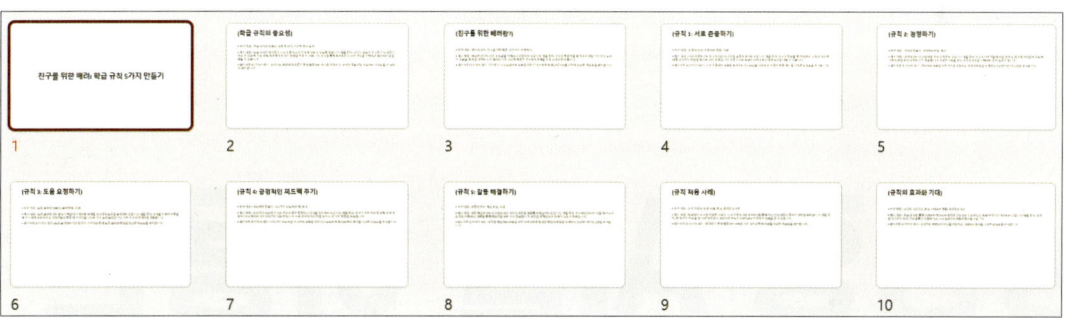

CHAPTER

생성형 AI를 이용한 엔트리 작품 만들기

식목일-산불 조심! 나무 지키기 (위스크)

| AI 활용 도구 : 위스크 | 주요 기능 : 읽어주기 | 난이도 : ★★★☆☆ |

 학습 목표

구글 Whisk를 이용하여 내가 필요한 배경화면 이미지를 만들 수 있습니다.
내가 만든 배경화면 이미지를 오브젝트 추가하여 사용할 수 있습니다.
떨어지는 불덩이로부터 나무를 지키고, 키우기 위해 불을 끄는 작품을 만들 수 있습니다
- [읽어주기]를 이용하여 작품 작동 설명과 상황 설명을 할 수 있습니다.
- [신호주기], [변수], [복제하기]를 사용할 수 있습니다.

 만들 작품 미리보기   QR 코드   링크 주소 : https://youtu.be/5euckgvkAOQ

작품 계획하기

1. 들판에 나무 일곱그루를 복제하여 생성합니다.
2. 하늘에서 불덩이가 떨어지면 물대포로 불을 맞춰 꺼야 합니다.
3. 물방울이 발사될 방향은 마우스 포인터의 방향이고, 마우스를 클릭하면 물방울이 물대포에서 발사 됩니다.
4. 불덩이를 5번 끄면 나무가 성장합니다. 불덩이가 꺼진 횟수는 [변수]에 저장하고, 나무가 성장하면 [변수=0]으로 초기화됩니다.
5. 불덩이가 나무에 닿으면 나무가 죽습니다.
6. 산불 조심! 불덩어리로부터 나무를 지켜 잘 키워 주세요!!!

 ## 작품 만들기

생성성AI를 활용하여 [배경 오브젝트] 미리 준비하기

01 엔트리 이미지를 이용하여 새로운 배경 이미지를 생성해 보겠습니다.

[오브젝트 추가하기] 버튼을 클릭하여 [나무(3)], [들판(3)] 오브젝트 이미지를 저장합니다.

 나무로 저장,  들판으로 저장하면

다운로드에 저장됩니다.

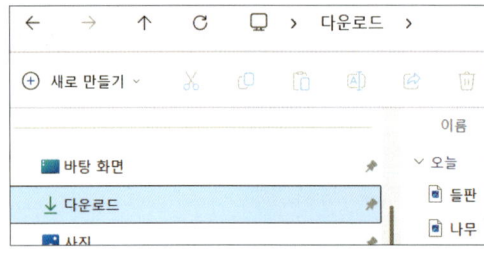

02 검색창에 '위스크'를 검색하거나 https://labs.google/fx/ko/tools/whisk 로 로그인 후 접속합니다. 화살표를 클릭합니다.

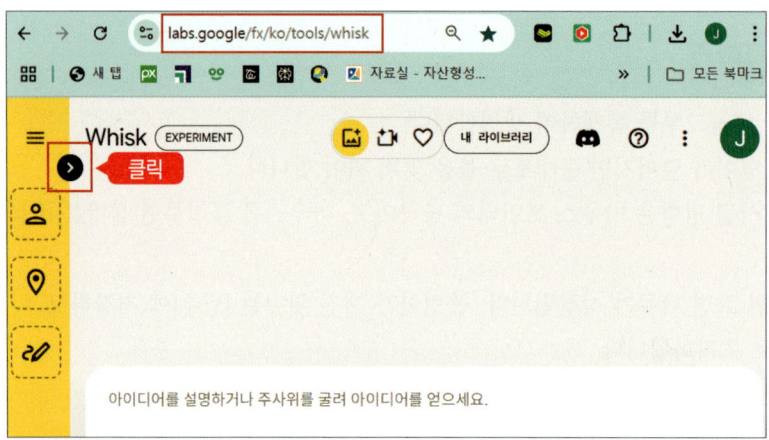

피사체 〉 ![이미지 업로드] 이미지 업로드 클릭 〉 다운로드 폴더에서 '나무' 이미지를 업로드 합니다.

장면 〉 ![이미지 업로드] 이미지 업로드 클릭 〉 다운로드 폴더에서 '들판' 이미지를 업로드 합니다.

스타일 〉 ![텍스트 입력] 텍스트 입력 클릭 〉 '만화체' 텍스트를 입력합니다.

→ 버튼을 눌러 이미지를 생성합니다.

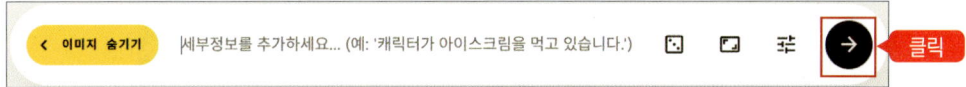

나온 결과에서 수정하고 싶은 것이 있다면 프롬프트에 수정할 내용을 입력합니다. "나무는 왼쪽으로 옮겨주고, 하늘은 파랗고 흰 구름 2개 그려줘" 등 내가 원하는 이미지가 나올 때까지 프롬프트를 수정해 봅니다.

내가 원하는 이미지가 생성되었으면 [다운로드] 버튼을 눌러 이미지를 저장합니다. '들판배경'으로 이름을 수정하여 저장합니다.

오브젝트 추가하기

03 파일로 저장되어있는 [들판배경.jpg] 이미지를 [오브젝트]로 추가합니다.
[오브젝트 추가하기] 버튼을 클릭, [파일 올리기] 클릭, [다운로드] 〉 [들판배경] 〉 [열기] 버튼을 클릭합니다.

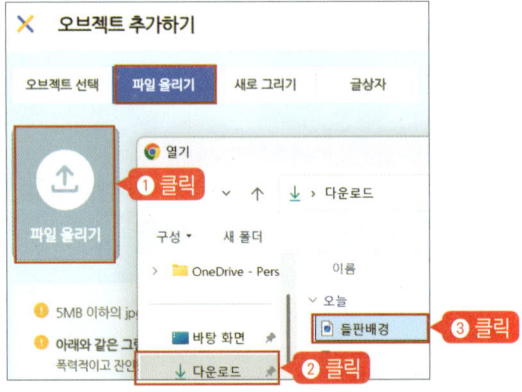

❶[추가하기] 버튼을 클릭하여 ❷[들판배경] 오브젝트를 추가합니다.

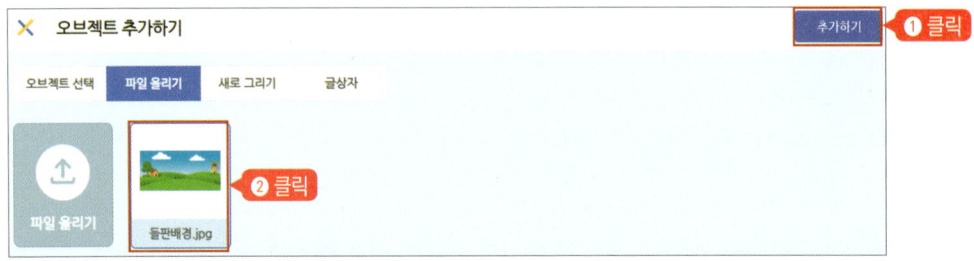

[들판배경] 오브젝트의 크기를 실행화면 전체에 맞춰 크기를 키웁니다.

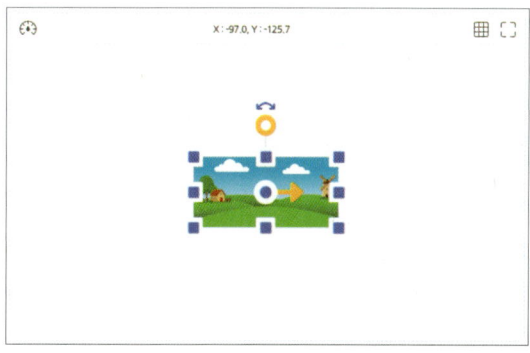 

오브젝트가 움직이지 않게 오브젝트 목록에서 🔓를 눌러 🔒잠금 합니다.

04 [오브젝트 추가하기] 버튼을 클릭하여 [[묶음]나무 키우기], [물방울], [불(3)], [[묶음] 엔저격] 오브젝트를 추가합니다.

🐶 오브젝트 수정하기

05 [[묶음] 엔저격] 오브젝트를 클릭한 후 [오브젝트 목록]에서 회전방식을 ↔로 바꿔 줍니다.

중심점을 포구 앞으로 이동시킵니다.

🐶 오브젝트 화면 구성하기

06 오브젝트의 위치를 다음과 같이 배치합니다.

🐶 변수 추가하기

07 [속성] → [변수] → [변수 추가하기] → [불 꺼진 횟수] 변수를 추가합니다.

🐶 신호 추가하기

08 [속성] → [신호] → [신호 추가하기] → [나무 키우기] 신호를 추가합니다.

🐼 소리 추가하기

09 [뮤음] 엔저격] 오브젝트를 클릭한 후 [소리] 탭을 선택하여 [짧은레이저2] 소리를 추가합니다. [조정하기] 버튼을 눌러 소리를 조정한 후 [저장하기]합니다.

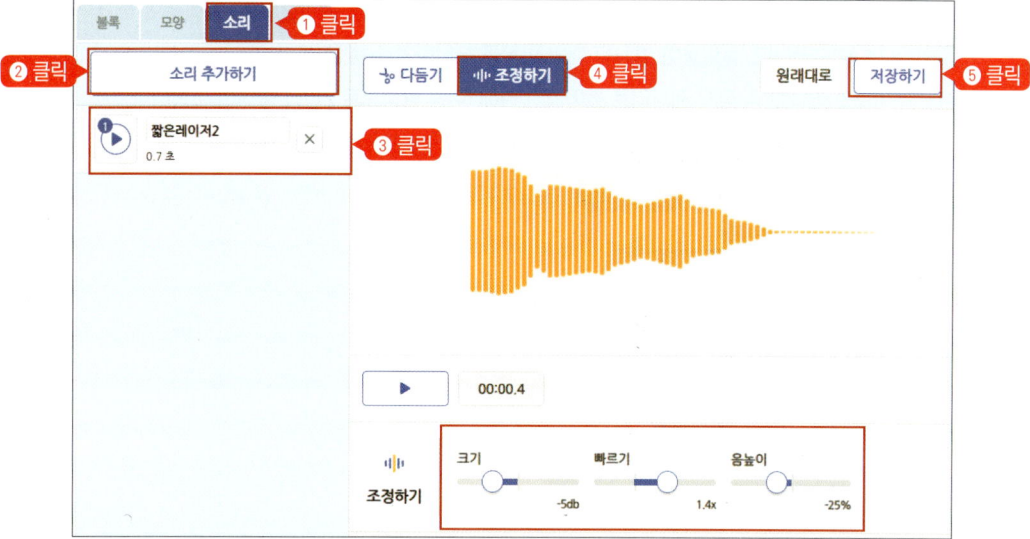

🐼 인공지능 기능 추가하기

10 블록의 탭에서 [인공지능 블록 불러오기]를 클릭하여 [읽어주기]를 불러옵니다.

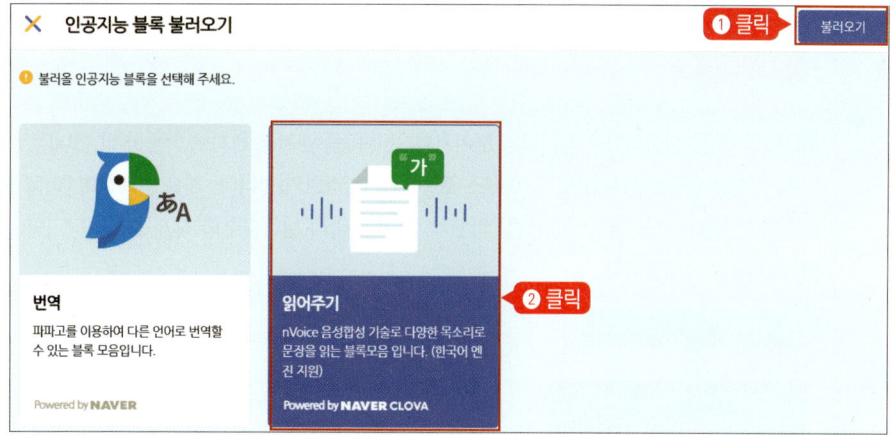

 코딩하기

11 [[묶음] 엔저격] 오브젝트를 코딩합니다.

[시작하기 버튼을 클릭했을 때] 위치를 [x=0 ,y=-40] 위치로 이동합니다. 계속 반복해서 [마우스 포인터] 쪽을 바라보며 [마우스를 클릭했는가]를 체크 합니다. 클릭했다면 [물방울의 복제본]을 만들어 불을 끕니다. 물방울이 발사될 때의 반동을 표현하기 위해 [이동 방향으로 -2만큼 움직이기]하고, 0.2초 기다린 후 다시 제자리로 돌아가기 위해 [이동 방향으로 2만큼 움직이기]합니다.

12 [물방울] 오브젝트를 코딩합니다.

[시작하기 버튼을 클릭했을 때] [[묶음] 엔저격 위치로 이동하기]하고, [모양 숨기기]를 합니다.

[복제본이 처음 생성되었을 때] [모양 보이기]하고 [[묶음] 엔저격 위치로 이동하기] 합니다.
[이동 방향을 0도로 정하기]하고 [마우스 포인터 쪽 바라보기]합니다. 계속 반복하여 [이동 방향으로 5만큼] 움직이며, [크기를 -0.5만큼] 바꾸기 합니다. 멀리 날아갈수록 작게 보입니다. [벽에 닿았다면] 복제본을 삭제합니다.

13 [불(3)] 오브젝트를 코딩합니다.

[시작하기 버튼을 클릭했을 때] 모양을 숨기고, 작동 방법을 읽어주기 합니다. 계속 반복하며 [자신의 복제본 만들기]를 합니다.

불덩어리가 언제 떨어질지 긴장감을 주기 위해 [1~3초 사이의 무작위 수 초 기다리기] 합니다.

[복제본이 처음 생성되었을 때] 아래로 이동 방향을 정하고 [모양 보이기] 합니다. 떨어지는 위치는 랜덤하게 [x: -200 ~ 200 사이의 무작위 수 위치로 이동하기] 합니다.

계속 반복하며 [이동 방향으로 1만큼 움직이기]하여 아래로 떨어집니다. [만일 물방울에 닿았다면] [불 꺼진 횟수] 변수에 1만큼 더하고, 물에 꺼진 효과로 [모양이 숨기기]한 후 복제본을 삭제합니다. 만약 [나무 키우기에 닿았다면] 나무를 불태웠으므로 폭발음 소리를 재생하며 크기를 키운 후 [모양 숨기기] 한 후 복제본을 삭제합니다.

[시작하기 버튼을 클릭했을 때] 계속 반복하며 불로부터 나무를 지킨 횟수 [불 꺼진 횟수]가 5번마다 [나무 키우기 신호 보내기]하여 나무를 키웁니다.

신호를 보내기 한 후 목소리를 앙증맞게 바꿔 "나무가 자랐습니다."를 말하며 [불 꺼진 횟수 = 0]으로 초기화 합니다.

14 [[묶음] 나무 키우기] 오브젝트를 코딩합니다.

[시작하기 버튼을 클릭했을 때] 원본은 [모양 숨기기]하고 7번 반복하며 [자신의 복제본 만들기]를 합니다.

[복제본이 처음 생성되었을 때] 복제본 [모양 보이기] 하고 랜덤한 위치에 생성됩니다. 계속 반복하며 [불에 닿았는가]를 체크하며 불에 닿았다면 여성 목소리로 바꾸고 "나무가 불탔어요" 말하며 [이 복제본 삭제하기] 합니다.

[나무 키우기 신호를 받았을 때] 나무가 성장하는 것을 표현하기 위해 [다음 모양으로 바꾸기]합니다.
[모양 번호 = 6]이라면 크기를 키워서 나무가 자라는 것을 표현합니다.

 **전체 코드**

작품 완성 파일명 : 식목일-산불 조심! 나무 지키기(위스크).ent

[묶음] 엔저격

```
시작하기 버튼을 클릭했을 때
x: 0  y: -40  위치로 이동하기
계속 반복하기
    마우스 포인터▼ 쪽 바라보기
    만일  마우스를 클릭했는가?  (이)라면
        이동 방향으로 -2 만큼 움직이기
        물방울▼ 의 복제본 만들기
        0.2 초 기다리기
        이동 방향으로 2 만큼 움직이기
```

물방울

```
시작하기 버튼을 클릭했을 때
[묶음] 엔저격▼ 위치로 이동하기
모양 숨기기

복제본이 처음 생성되었을 때
모양 보이기
[묶음] 엔저격▼ 위치로 이동하기
이동 방향을 0° (으)로 정하기
마우스 포인터▼ 쪽 바라보기
계속 반복하기
    이동 방향으로 5 만큼 움직이기
    크기를 -0.5 만큼 바꾸기
    만일  벽▼ 에 닿았는가?  (이)라면
        이 복제본 삭제하기
```

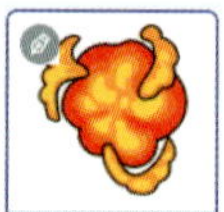

불(3)

```
시작하기 버튼을 클릭했을 때
모양 숨기기
여성▼ 목소리를 보통▼ 속도 보통▼ 음높이로 설정하기
마우스 커서의 방향으로, 왼쪽 마우스를 클릭하면 물방울이 발사됩니다.  읽어주고 기다리기
계속 반복하기
    자신▼ 의 복제본 만들기
    1 부터 3 사이의 무작위 수  초 기다리기
```

불(3)

- 복제본이 처음 생성되었을 때
  - 이동 방향을 180° (으)로 정하기
  - 모양 보이기
  - x: -200 부터 200 사이의 무작위 수 위치로 이동하기
  - 계속 반복하기
    - 이동 방향으로 1 만큼 움직이기
    - 만일 물방울 에 닿았는가? (이)라면
      - 불 꺼진 횟수 에 1 만큼 더하기
      - 모양 숨기기
      - 이 복제본 삭제하기
    - 만일 [묶음] 나무 키우기 에 닿았는가? (이)라면
      - 소리 작은 폭발음1 재생하기
      - 크기를 50 만큼 바꾸기
      - 1 초 기다리기
      - 모양 숨기기
      - 이 복제본 삭제하기

- 시작하기 버튼을 클릭했을 때
  - 계속 반복하기
    - 만일 불 꺼진 횟수 값 ≥ 5 (이)라면
      - 나무 키우기 신호 보내기
      - 양증맞은 목소리를 보통 속도 보통 음높이로 설정하기
      - 나무가 자랐습니다. 읽어주기
      - 불 꺼진 횟수 을(를) 0 (으)로 정하기

[묶음] 나무 키우기

- 시작하기 버튼을 클릭했을 때
  - 모양 숨기기
  - 7 번 반복하기
    - 자신 의 복제본 만들기

- 나무 키우기 신호를 받았을 때
  - 만일 [묶음] 나무 키우기 의 모양 번호 = 6 (이)라면
    - 크기를 5 만큼 바꾸기
  - 아니면
    - 다음 모양으로 바꾸기

- 복제본이 처음 생성되었을 때
  - 모양 보이기
  - x: -180 부터 200 사이의 무작위 수 y: -100 부터 0 사이의 무작위 수 위치로 이동하기
  - 계속 반복하기
    - 만일 불(3) 에 닿았는가? (이)라면
      - 여성 목소리를 보통 속도 보통 음높이로 설정하기
      - 나무가 불탔어요 읽어주기
      - 이 복제본 삭제하기

과학의달-태양계 행성 중력가속도

AI 활용 도구: 뤼튼   **주요 기능 :** 리스트, 신호주기, 도장 찍기   **난이도 :** ★★★☆☆

 학습 목표
뤼튼을 이용하여 태양계 행성의 중력가속도를 알아보고, 원하는 형식으로 자료를 생성할 수 있습니다.
태양계 행성의 중력가속도를 리스트에 추가하여 사용할 수 있습니다.
행성 이름과 중력가속도 값을 넣어 중력가속도를 확인할 수 있는 작품을 만들 수 있습니다.
- [리스트]의 값을 읽어올 수 있습니다.
- [신호주기], [변수], [도장 찍기]를 사용할 수 있습니다.

 **만들 작품 미리보기**    QR 코드   링크 주소 : https://youtu.be/GA6lA6M7L_A

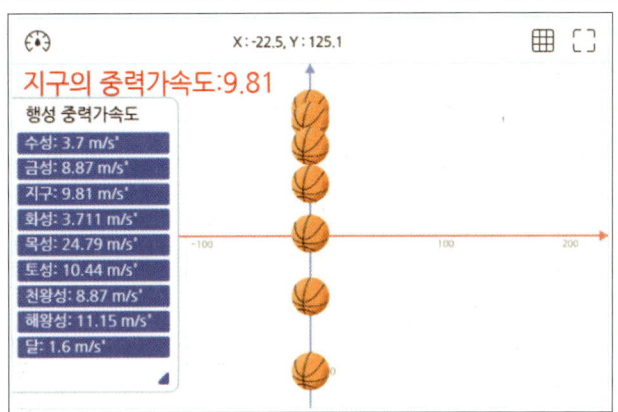

🐶 작품 계획하기

① 태양계 행성들의 행성명, 중력가속도를 조사한 후 리스트에 저장합니다.
② 스페이스를 클릭하면 [묻고 대답기다리기]로 테스트할 행성을 묻고 기다립니다.
③ [대답]을 글상자에 글쓰기 합니다.
④ [묻고 대답기다리기]로 행성의 중력가속도를 입력받습니다.
⑤ [대답]을 글상자 뒤에 추가합니다.
⑥ 농구공이 떨어질 때, 1초마다 속도가 (중력가속도)만큼 빨라지는 것을 [도장찍기]로 확인합니다.
⑦ 스페이스를 클릭하여 동일한 방법으로 다른 행성들의 중력가속도를 테스트합니다.

 ## 작품 만들기

생성형AI를 활용하여 [태양계 행성 중력가속도] 미리 준비하기

01 뤼튼에서 [태양계 행성들의 중력가속도]를 검색하고, 원하는 형식으로 답변을 받을 수 있도록 프롬프트를 작성합니다.

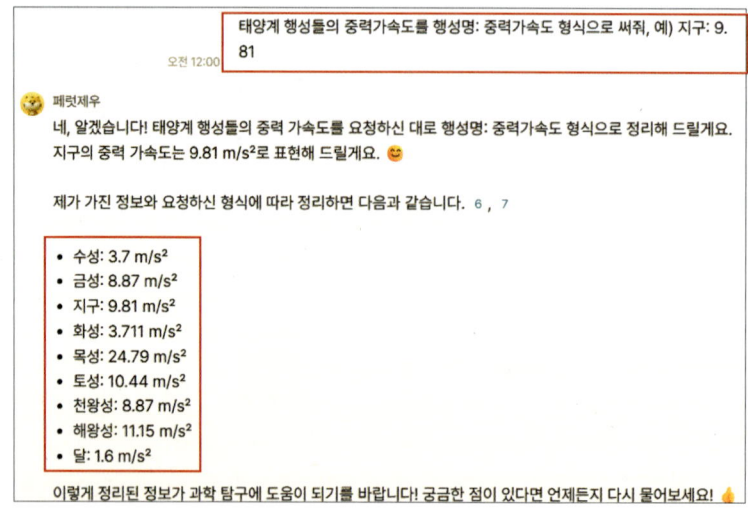

02 엔트리에서 리스트를 만들고, 값을 복사하여 리스트에 올리기 합니다.

리스트 추가하기

03 [속성] → [리스트 추가하기] → [행성 중력가속도] 리스트를 추가합니다.
[리스트 불러오기]를 클릭한 후 복사한 값을 올리고 저장합니다.

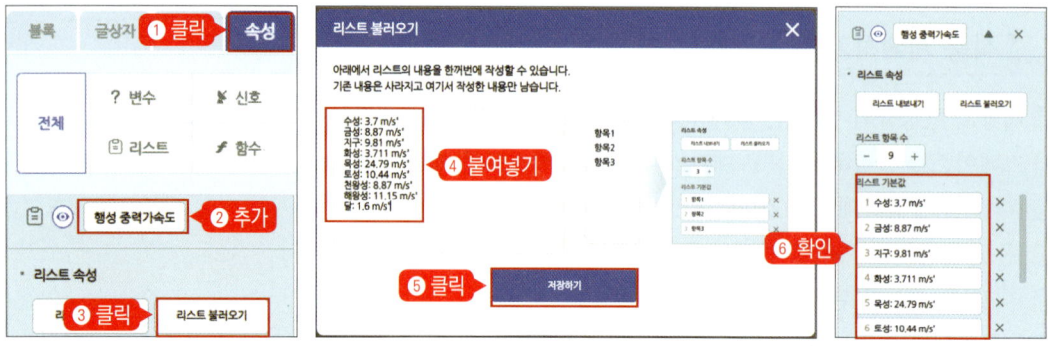

🐶 오브젝트 추가하기

04 [오브젝트 추가하기] 버튼을 클릭하여 [모눈종이], [농구공] 오브젝트를 추가합니다.

05 [오브젝트 추가하기] 버튼을 클릭하여 [글상자] 클릭, [한 줄 쓰기] 클릭, [배경색 없음] 클릭한 후 [추가하기] 버튼을 누릅니다.

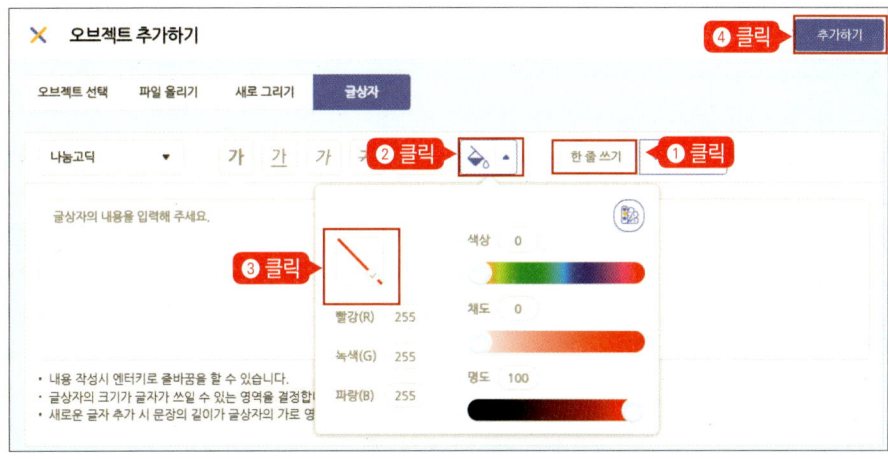

[글자체=나눔바른펜], [가운데정렬], [글자색=빨강]을 선택합니다.

🐻 오브젝트 화면 구성하기

06 오브젝트의 위치를 다음과 같이 배치합니다.

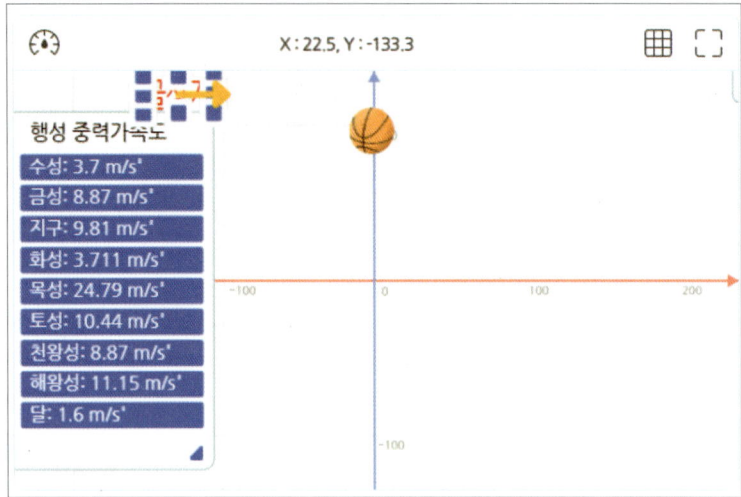

🐻 변수 추가하기

07 [속성] ➡ [변수] ➡ [변수 추가하기] ➡ [중력가속도], [테스트 중력가속도] 변수를 추가합니다. 실행화면에서 변수를 숨기기 위해 👁를 🙈눌러 숨깁니다.

※ 변수에 저장되는 값을 보고 싶으면 숨기지 않습니다.

신호 추가하기

08 [속성] ➔ [신호] ➔ [신호 추가하기] ➔ [테스트] 신호를 추가합니다.

코딩하기

09 [글상자] 오브젝트를 코딩합니다.

[[시작하기 버튼을 클릭했을 때] "[스페이스]를 누르세요"라고 안내합니다.

[스페이스 키를 눌렀을 때] 글상자의 텍스트를 모두 지웁니다.
["중력가속도 테스트할 행성은?"을 묻고 대답 기다리기]합니다.
행성의 이름을 입력받으면 글상자에 [대답 값=행성 이름]을 글쓰기 합니다.

A 글상자

위에서 쓴 행성의 중력가속도를 입력받기 위해 ["중력가속도는?"을 묻고 대답 기다리기]합니다.
글상자에 "의 중력가속도: "을 추가합니다.
[중력가속도] 변수에 [대답]을 저장합니다.
글상자에 [중력가속도]을 뒤에 추가합니다.
※ 예 지구의 중력가속도: 9.81
[테스트 신호 보내기]를 합니다.

10 [농구공] 오브젝트를 코딩합니다.

[시작하기 버튼을 클릭했을 때] 크기, 위치를 정해줍니다.

[테스트 신호를 받았을 때] [모든 붓 지우기], 위치 지정, [테스트 중력가속도 = 0]으로 변수값을 초기화합니다.
농구공이 아래쪽 벽에 닿을 때까지 계속 반복하며 가속도의 변화만큼 도장 찍기합니다.

※ 지구의 중력가속도가 9.81 m/s²라는 것은, 지구 표면 근처에서 중력의 영향을 받으며 자유 낙하하는 물체의 속도가 1초마다 약 9.81 m/s씩 증가한다는 의미입니다.

전체 코드

작품 완성 파일명 : 과학의날-태양계 행성 중력가속도.ent

작품 3

어린이날-요술손

AI 활용 도구 : **캔바**   주요 기능 : **손인식, 도장찍기**   난이도 : ★★★★☆

 **학습 목표**
어린이날 받고 싶은 선물을 손 제스쳐로 획득하는 작품을 만들어 봅니다.
- [인공지능>비디오감지>손인식]를 이용하여 손 모양에 따라 선물이 나타납니다.
- [도장찍기]를 사용할 수 있습니다.

 **만들 작품 미리보기**   QR 코드   링크 주소 : https://youtu.be/ye3dUsLXNuM

작품 계획하기

1 [강아지] 오브젝트는 [인공지능>비디오감지>손인식] 결과 [가리킨 손]인 경우 엄지끝을 따라 이동합니다.
2 [게임기1] 오브젝트는 [인공지능>비디오감지>손인식] 결과 [브이 사인]인 경우 검지끝을 따라 이동합니다.
3 [축구공] 오브젝트는 [인공지능>비디오감지>손인식] 결과 [엄지 위로]인 경우 엄지끝을 따라 이동합니다.
4 [강아지], [게임기1], [축구공] 오브젝트는 [[묶음]열린상자]에 닿은 경우 [도장찍기] 기능을 이용하여 선물이 상자에 담기도록 합니다.

 ## 작품 만들기

오브젝트 추가하기

01 [오브젝트 추가하기] 버튼을 클릭하여 [인형방], [[묶음]열린상자,], [축구공], [게임기] 오브젝트를 추가합니다.

소리 추가하기

02 오브젝트를 클릭한 후 [소리] 탭을 선택하여 [튕겨짐6] 소리를 추가합니다.
오브젝트를 클릭한 후 [소리] 탭을 선택하여 [전자음과 함께 퇴장] 소리를 추가합니다.
오브젝트를 클릭한 후 [소리] 탭을 선택하여 [강아지 짖는 소리] 소리를 추가합니다.

인공지능 기능 추가하기

03 블록의 탭에서 [인공지능 블록 불러오기]를 클릭하여 [비디오감지> 손인식]를 불러옵니다.

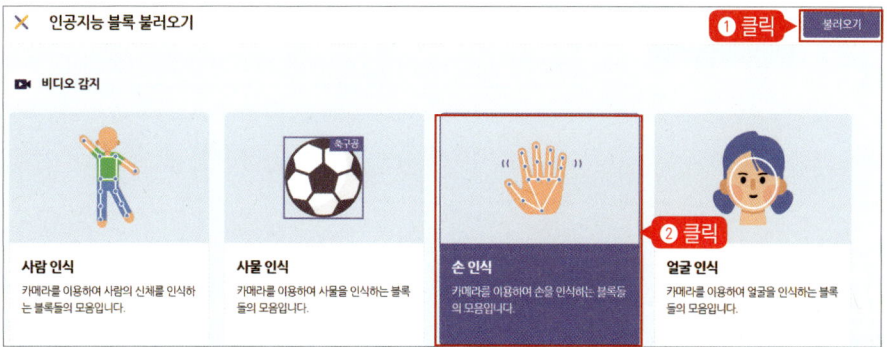

 코딩하기

04 [[묶음]열린상자] 오브젝트를 코딩합니다.

[시작하기 버튼을 클릭했을 때] 투명도 효과를 50 줍니다.
비디오 화면을 보이고, 손인식 기능을 시작합니다.

05 [강아지] 오브젝트를 코딩합니다.

[시작하기 버튼을 클릭했을 때] 모양을 숨깁니다.

[손을 인식했을 때]
손 인식 결과가 [가리킨손]인 경우 모양을 보이고, 검지 끝을 따라 이동합니다.[[묶음]연린상자] 오브젝트에 닿은 경우, [[묶음]연린상자] 위치로 이동하고 도장찍기를 통해 상자에 담긴 효과를 만듭니다. 모양을 숨기고, [강아지 짖는 소리]를 재생합니다.

06 [게임기(1)] 오브젝트를 코딩합니다.

[시작하기 버튼을 클릭했을 때] 모양을 숨깁니다.

[손을 인식했을 때] 손 인식 결과가 [브이 사인]인 경우 모양을 보이고, 검지 끝을 따라 이동합니다. [[묶음]연린상자] 오브젝트에 닿은 경우, [[묶음]연린상자] 위치로 이동하고 도장찍기를 통해 상자에 담긴 효과를 만듭니다. 모양을 숨기고, [전자음과 함께 퇴장]를 재생합니다.

07 [축구공] 오브젝트를 코딩합니다.

[시작하기 버튼을 클릭했을 때] 모양을 숨깁니다.

[손을 인식했을 때] 손 인식 결과가 [엄지 위로]인 경우 모양을 보이고, 엄지 끝을 따라 이동합니다. [[묶음]연린상자] 오브젝트에 닿은 경우, [[묶음]연린상자] 위치로 이동하고 도장찍기를 통해 상자에 담긴 효과를 만듭니다. 모양을 숨기고, [팅겨짐6]를 재생합니다.

 **전체 코드**

작품 완성 파일명 : 어린이날-요술손.ent

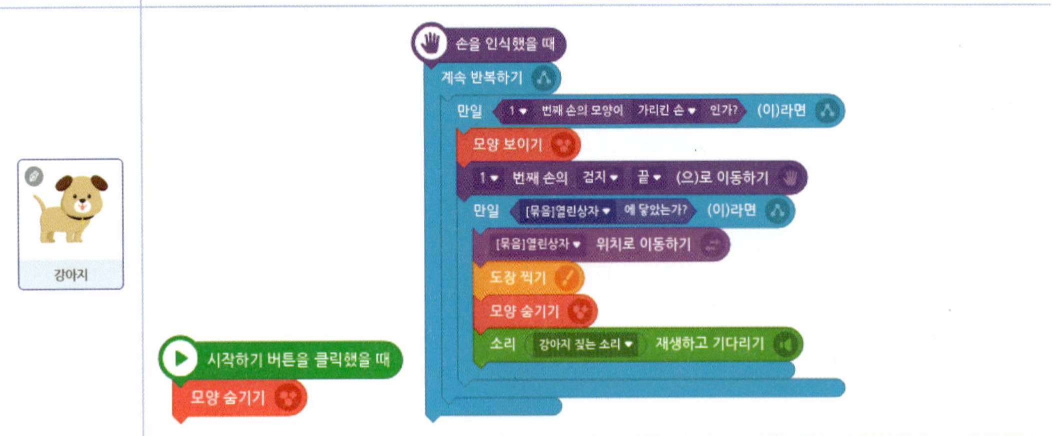

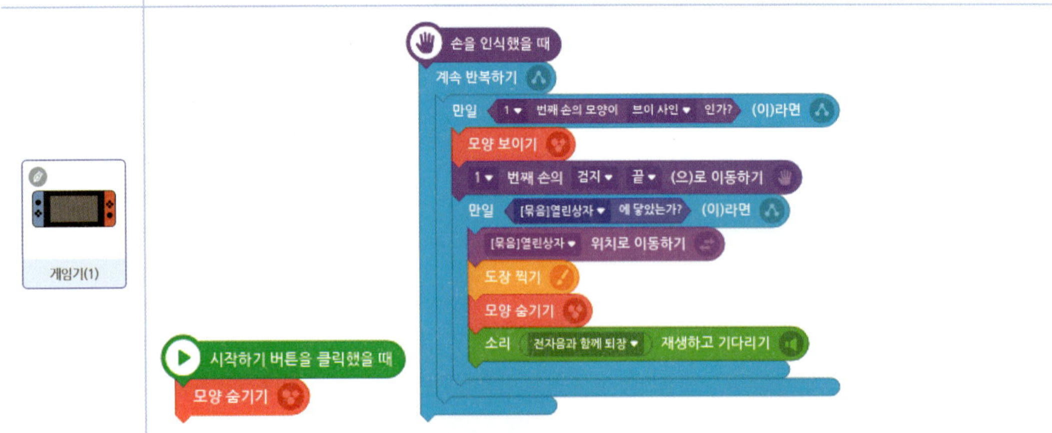

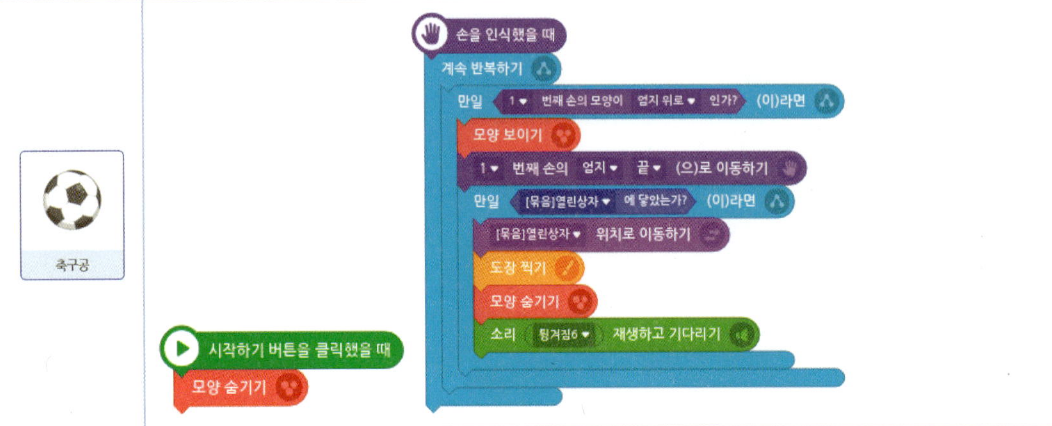

어버이날-심부름하기

AI 활용 도구: ChatGPT　　**주요 기능:** 장면, 읽어주기　　**난이도:** ★★☆☆☆

 **학습 목표**
거리를 이동하며 심부름하는 작품을 만들어 봅니다. 심부름 아이템들의 코드를 작성하며 순차, 반복, 조건과 같은 프로그래밍의 기초 개념을 익힐 수 있습니다.
- [좌표]를 이해하고 오브젝트의 이동을 제어할 수 있습니다.
- [[순차], [반복] 구조를 이해 할수 있습니다.
- [[인공지능>읽어주기]를 이용하여 사용법에 대한 설명을 읽어줍니다.

 **만들 작품 미리보기**　　 QR 코드　　링크 주소 : https://youtu.be/_aRy0VKHf0o

작품 계획하기

1. [엔트리봇] 오브젝트는 화살표키로 화면을 이동합니다.
2. [커피], [책], [농구공], [물고기공주] 오브젝트는 심부름 아이템들입니다.
3. [회오리바람]은 집으로 이동하는 스폰(Spawn)입니다.

 ## 작품 만들기

생성성AI를 이용하여 내 얼굴 사진과 유사한 나만의 이미지를 만듭니다.

01 https://chatgpt.com/에 접속합니다.

02 자신의 사진을 찍어 이미지를 생성합니다.

사진의 얼굴로 초등학생이 뛰는 이미지를 만들어주세요

 리서치

03 배경이 제거된 이미지를 다운로드 합니다.

오브젝트 추가하기

01 [오브젝트 추가하기] 버튼을 클릭하여 [마을(2)], [커피버튼], [책_4], [농구공_2], [물고기 공주], [회오리바람(1)] 오브젝트를 추가합니다.

오브젝트 수정하기

02 [엔트리봇]을 선택하고 [모양] 탭을 클릭합니다.
[모양 추가하기] 버튼을 클릭합니다.

[파일 올리기]를 선택합니다.

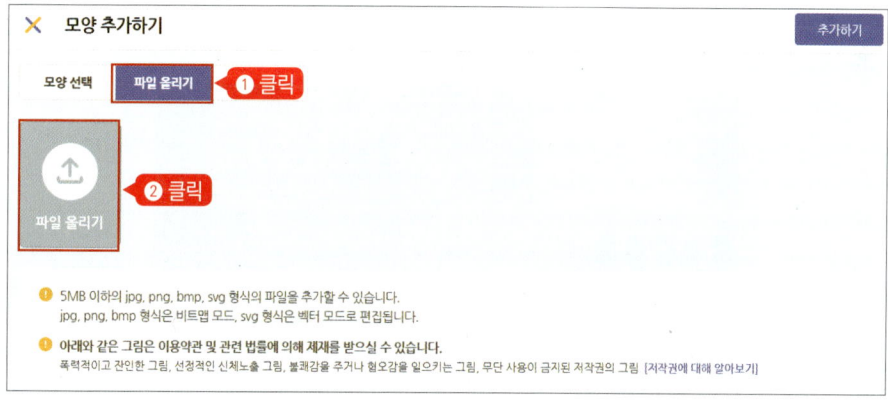

다운로드 받은 이미지를 선택한 후 [열기] 버튼을 클릭합니다.

모양이 추가된 것을 확인합니다.

🐰 오브젝트 화면 구성하기

03 오브젝트의 위치를 다음과 같이 배치합니다.

🐰 장면 추가하기

04 장면1의 이름은 거리로 변경하고, ➕ 버튼을 클릭하여 장면을 추가합니다.

추가된 장면의 이름을 집으로 변경합니다.

[집] 장면에 [오브젝트 추가하기] 버튼을 클릭하여 [거실(3)], [바쁜회사원], [선생님(2)], [감사 엔트리봇] 오브젝트를 추가합니다.

[집] 장면의 오브젝트의 위치를 다음과 같이 배치합니다.

변수 추가하기

05 [속성] ➡ [변수] ➡ [변수 추가하기] ➡ [심부름개수] 변수를 추가합니다. 버튼을 클릭하여 변수가 보이지 않도록 설정합니다.

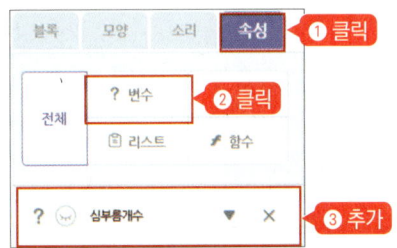

소리 추가하기

06  오브젝트를 클릭한 후 [소리] 탭을 선택하여 [보글거리며 등장] 소리를 추가합니다.

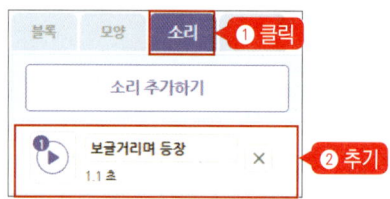

인공지능 기능 추가하기

07 블록의 탭에서 [인공지능 블록 불러오기]를 클릭하여 [읽어주기]를 불러옵니다.

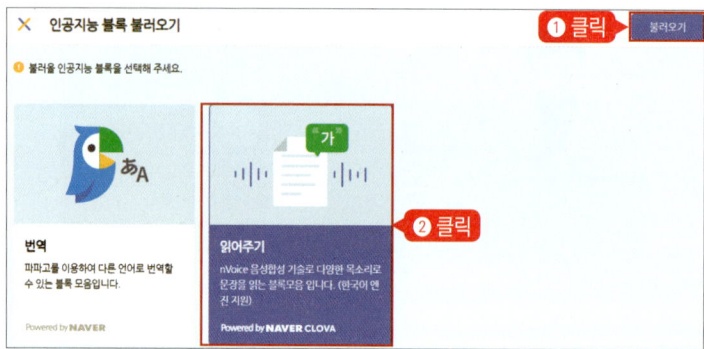

코딩하기

08 [엔트리봇] 오브젝트를 코딩합니다.

[시작하기 버튼을 클릭했을 때] 심부름개수 변수값을 4로 정합니다.

 좌,우 화살표키를 눌렀을 때 엔트리봇의 x좌표를 바꿉니다.

위,아래 화살표키를 눌렀을 때 엔트리봇의 Y좌표를 바꿉니다.

09 [커피 버튼] 오브젝트를 코딩합니다.

[시작하기 버튼을 클릭했을 때] 크기를 크게 작게 효과를 줍니다.
[엔트리봇과 닿았을 때] 소리를 재생하고 모양을 숨깁니다. [심부름개수]값을 감소시킵니다.

10 [책_4] 오브젝트를 코딩합니다.

[시작하기 버튼을 클릭했을 때] 크기를 크게 작게 효과를 줍니다.
[엔트리봇과 닿았을 때] 소리를 재생하고 모양을 숨깁니다. [심부름개수]값을 감소시킵니다.

11 [농구공_2] 오브젝트를 코딩합니다.

[시작하기 버튼을 클릭했을 때] 공의 회전효과를 주기 위해 방향을 10도 만큼 회전합니다.

[엔트리봇과 닿았을 때] 소리를 재생하고 모양을 숨깁니다. [심부름개수]값을 감소시킵니다.

12 [물고기 공주] 오브젝트를 코딩합니다.

[시작하기 버튼을 클릭했을 때] 좌우로 움직이는 효과를 주기 위해 방향을 양수, 음수 만큼 회전합니다.

[엔트리봇과 닿았을 때] 소리를 재생하고 모양을 숨깁니다. [심부름개수]값을 감소시킵니다.

13 [회오리바람(1)] 오브젝트를 코딩합니다.

[시작하기 버튼을 클릭했을 때] 좌우로 움직이는 효과를 주기 위해 방향을 양수, 음수 만큼 회전합니다.

[엔트리봇과 닿았을 때] [심부름개수]값을 확인합니다. 모든 심부름이 완료되면 [심부름개수] 값이 0이 됩니다. 결과를 읽어주고 기다립니다.

집 장면을 시작합니다.

14 [집] 장면의 [감사 엔트리봇] 오브젝트를 코딩합니다.

[시작하기 버튼을 클릭했을 때] 심부름 다녀왔습니다. 부모님 사랑합니다. 읽어주고 기다립니다.

전체 코드

작품 완성 파일명 : 어버이날-심부름하기-요술손.ent

농구공_2	시작하기 버튼을 클릭했을 때 계속 반복하기 　방향을 10° 만큼 회전하기 　만일 엔트리봇▼ 에 닿았는가? (이)라면 　　소리 보글거리며 등장▼ 재생하기 　　모양 숨기기 　　심부름개수▼ 에 -1 만큼 더하기
물고기 공주	시작하기 버튼을 클릭했을 때 계속 반복하기 　20 번 반복하기 　　방향을 1° 만큼 회전하기 　20 번 반복하기 　　방향을 -1° 만큼 회전하기 　만일 엔트리봇▼ 에 닿았는가? (이)라면 　　소리 보글거리며 등장▼ 재생하기 　　모양 숨기기 　　심부름개수▼ 에 -1 만큼 더하기
회오리바람(1)	시작하기 버튼을 클릭했을 때 계속 반복하기 　20 번 반복하기 　　방향을 1° 만큼 회전하기 　20 번 반복하기 　　방향을 -1° 만큼 회전하기 　만일 엔트리봇▼ 에 닿았는가? (이)라면 　　만일 심부름개수▼ 값 = 0 (이)라면 　　　심부름 성공 집으로 이동 읽어주고 기다리기 　　　집▼ 시작하기 　　아니면 　　　심부름 물건을 모두 구해오세요 읽어주고 기다리기
감사 엔트리봇	장면이 시작되었을 때 심부름 다녀왔습니다. 읽어주고 기다리기 부모님 사랑합니다. 읽어주고 기다리기

스승의날-엄지척으로꽃선물

AI 활용 도구 : **투닝**   주요 기능 : **손인식, 복제**   난이도 : ★★☆☆☆

 **학습 목표**
스승의 날 선생님께 전달하고자 하는 감사한 마음을 작품으로 만들어 봅니다.
- [인공지능>비디오감지>손인식]를 이용하여 손 모양에 따라 꽃을 복제합니다.
- [복제하기]를 사용할 수 있습니다.

 만들 작품 미리보기   QR 코드   링크 주소 : https://youtu.be/lwxn6ZH-JOw

작품 계획하기

1 [꽃1] 오브젝트는 [인공지능>비디오감지>손인식]의 결과값이 [위로 엄지]인 경우 자신을 복제합니다. 복제본이 생성되었을 때 모양을 바꿔주며 아래로 이동합니다.

2 [배경] 이미지를 3초 간격으로 바꿔줍니다.

 작품 만들기

🐼 투닝을 이용하여 스승의날 선생님께 전달하고자 하는 이미지를 생성합니다.

01 https://tooning.io/editor-information 투닝에 로그인하여 [투닝에디터]에서 원하는 이미지를 생성합니다

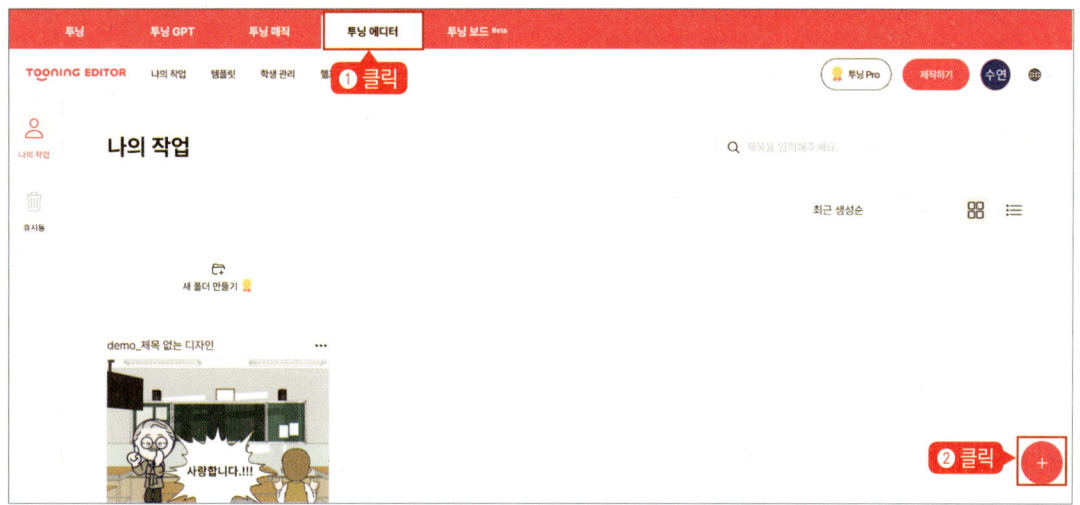

02 템플릿에서 검색 키워드를 넣어 이미지를 불러옵니다. 이미지를 편집한 후에 다운로드 메뉴를 클릭합니다.

03 다운로드 설정〉 개별 다운로드를 선택하고 [다운로드] 버튼을 클릭합니다.

04 다운로드 받은 tooning.zip 압축 파일을 확인하고, 마우스 오른쪽을 클릭하여 압축 풀기 합니다.

05 압축을 푼 폴더 안에 배경 이미지로 사용할 파일들이 있습니다.

🐶 오브젝트 추가하기

01 [오브젝트 추가하기] 버튼을 클릭하여 [꽃(1)], [교실(2)] 오브젝트를 추가합니다.

[추가하기] 버튼을 클릭하여 글상자를 추가합니다.

> 텍스트: 선생님 사랑해요 (선생님께 하고 싶은 이야기를 적어 보세요)

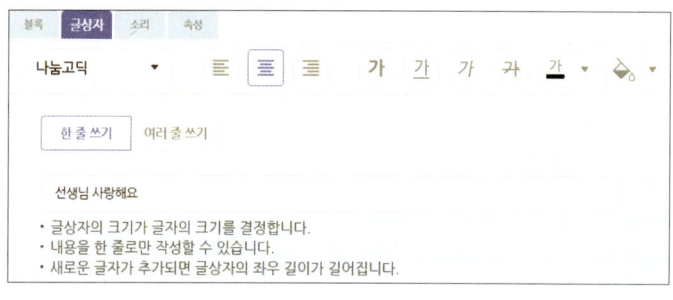

🐶 오브젝트 수정하기

02 [교실(2)] 오브젝트의 모양 탭을 클릭하여 배경 이미지를 추가합니다.

[파일 올리기]를 선택합니다.

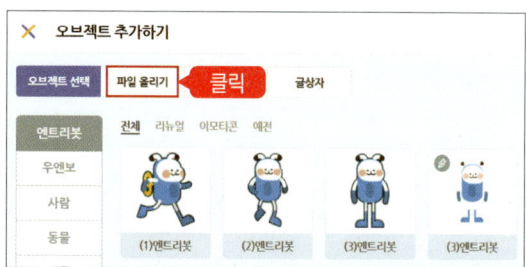

[파일 올리기]를 선택합니다.

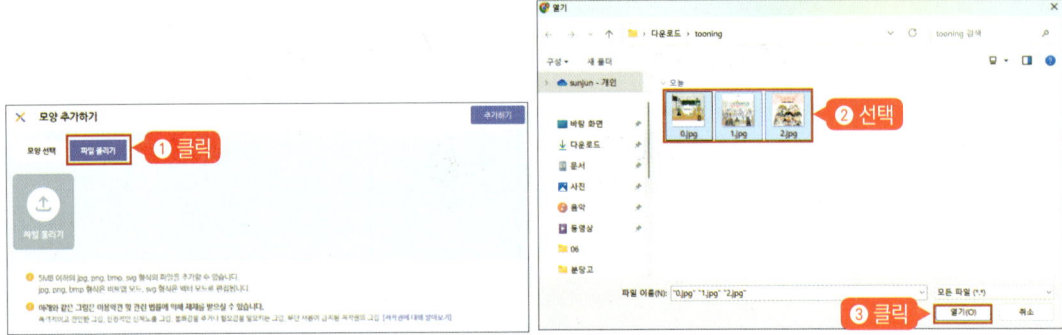

업로드된 파일을 확인한 후에 [추가하기] 버튼을 클릭합니다.

모양이 추가된 것을 확인합니다.

인공지능 기능 추가하기

03 블록의 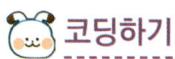 탭에서 [인공지능 블록 불러오기]를 클릭하여 [비디오감지〉손인식]를 불러옵니다.

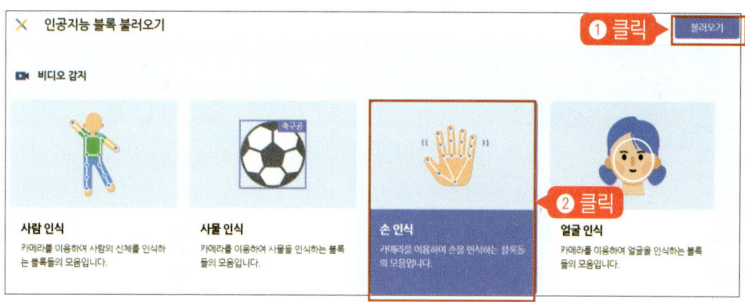

코딩하기

04 [꽃(1)] 오브젝트를 코딩합니다.

[시작하기 버튼을 클릭했을 때] 비디오 화면을 보이기 합니다. 손인식을 시작합니다. 인식한 손을 보이도록 합니다. 모양을 숨깁니다.

[손을 인식했을 때] 손 모양이 [엄지위로]인 경우 자신의 복제본을 만듭니다

꽃(1)

[복제본이 처음 생성되었을 때] 엄지 끝으로 위치하고, 모양 보이기 합니다. 모양을 바꿔가며 Y좌표 값을 감소시킵니다.

05 [교실(1)] 오브젝트를 코딩합니다.

교실(2)

[시작하기 버튼을 클릭했을 때] 투명도 효과를 50으로 설정하고, 3초 간격으로 이미지를 변경해 줍니다.

```
시작하기 버튼을 클릭했을 때
투명도▾ 효과를 (50) (으)로 정하기
계속 반복하기
    다음▾ 모양으로 바꾸기
    (3) 초 기다리기
```

전체 코드

작품 완성 파일명 : 스승의날-엄지척으로꽃선물.ent

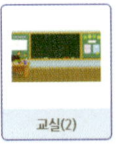

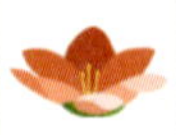
꽃(1)

```
시작하기 버튼을 클릭했을 때
비디오 화면 보이기▾
손 인식 시작하기▾
인식한 손 보이기▾
모양 숨기기

손을 인식했을 때
계속 반복하기
    만일 <1▾ 번째 손의 모양이 엄지 위로▾ 인가?> (이)라면
        자신▾ 의 복제본 만들기
        (0.5) 초 기다리기

복제본이 처음 생성되었을 때
1▾ 번째 손의 엄지▾ 끝▾ (으)로 이동하기
모양 보이기
계속 반복하기
    y 좌표를 (-0.5) 만큼 바꾸기
    다음▾ 모양으로 바꾸기
```

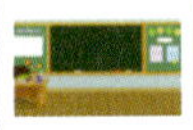
교실(2)

```
시작하기 버튼을 클릭했을 때
투명도▾ 효과를 (50) (으)로 정하기
계속 반복하기
    다음▾ 모양으로 바꾸기
    (3) 초 기다리기
```

현충일-태극기는 언제 달까요?

| AI 활용 도구 : **뤼튼** | 주요 기능 : **리스트, 읽어주기** | 난이도 : ★★★☆☆ |

 학습 목표

우리나라에 태극기를 꼭 달아야 하는 특별한 날들이 있다는 것을 생성형 AI 뤼튼을 이용하여 조사하고, 현충일에는 다른 날과 조금 다르게 태극기를 다는 특별한 방법이 있다는 것을 배우는 작품을 만들어 봅니다.

- [인공지능>읽어주기]를 이용하여 국경일과 기념일에 대해 설명을 읽어줍니다.
- [리스트]를 사용하여 국경일, 기념일, 설명에 대한 정보를 저장할 수 있습니다.
- [신호보내기], [변수]를 사용할 수 있습니다.

만들 작품 미리보기

QR 코드 / 링크 주소 : https://youtu.be/LsvRLQ1kysw

 작품 계획하기

1. [국경일기념일][설명] 리스트를 만들어서 조사한 정보를 저장합니다.
2. 글상자 오브젝트를 2개를 추가합니다. [국경일,기념일] 글상자 오브젝트에는 리스트의 정보를 표시해 줍니다.
3. [태극기] 오브젝트를 클릭하면 다음 국경일로 넘어 갈 수 있습니다.
4. [선택국경일]을 이용하여 랜덤으로 [국경일,기념일]이 선택되며, 선택된 날에 대한 설명을 읽어줍니다.
5. [현충일]이 선택된 경우, 태극기를 조기게양 위치로 이동 시켜 줍니다.

CHAPTER 04_생성형 AI를 이용한 엔트리 작품 만들기   189

작품 만들기

생성성AI를 활용하여 국경일, 기념일 데이터 미리 준비하기

01 https://wrtn.ai 뤼튼에 접속하여 정보를 조회합니다.

질문1: 우리나라의 태극기를 게양하는 날을 알려주세요

> 우리나라의 태극기를 게양하는 날은 다음과 같습니다.
>
> 태극기는 주로 국경일과 기념일에 게양하며, 조의를 표하는 날에는 조기(弔旗)로 게양합니다.
>
> **태극기 게양일**
>
> - 국경일 (깃대 끝까지 게양):
>   - 3월 1일: 삼일절
>   - 7월 17일: 제헌절
>   - 8월 15일: 광복절
>   - 10월 3일: 개천절
>   - 10월 9일: 한글날
> - 기념일 (조기 게양):
>   - 6월 6일: 현충일 (순국선열과 호국영령의 추모) 3, 6
> - 기념일 (깃대 끝까지 게양):
>   - 10월 1일: 국군의 날 3, 6
>
> 이 외에도 정부가 따로 지정하는 날이나 지방자치단체 및 각급 기관의 장이 정하는 날에도 태극기를 게양할 수 있습니다 1.
>
> 태극기를 게양하실 때는 심한 비바람 등 악천후로 인해 국기의 존엄성이 훼손될 우려가 있는 경우에는 달지 않으며, 날씨가 갠 후에 다시 다는 것이 좋습니다 3, 6.

질문2: 대한민국의 태극기를 게양하는 기념일과 국경일을 표로 정리해주세요

구분	날짜	명칭	설명
국경일	3월 1일	3.1절	1919년 3월 1일, 전국적으로 일어난 3.1 만세운동을 기념하고 독립 정신을 계승하며 민족 단결과 애국심을 함양하기 위해 제정된 날입니다. 5
	7월 17일	제헌절	1948년 7월 17일, 대한민국 헌법이 제정·공포된 것을 기념하고 준법 정신을 높이기 위해 제정된 날입니다. 5
	8월 15일	광복절	잃었던 국권을 회복하고 대한민국 정부 수립을 경축하며 독립 정신 계승을 통한 국가 발전을 다짐하기 위해 제정된 날입니다. 5
	10월 3일	개천절	서기전 2333년, 국조 단군이 우리나라 최초의 나라인 고조선을 건국한 것을 기리기 위해 제정된 날입니다. 5
	10월 9일	한글날	세종대왕이 한글을 반포한 1446년 음력 9월 상한을 양력으로 환산하여 기념하는 날입니다. 5
기념일	6월 6일	현충일	나라를 위해 목숨을 바친 국군 장병과 순국선열들의 넋을 기리고 추모하는 날입니다. (조기 게양)
	10월 1일	국군의 날	대한민국 국군의 위용과 발전을 기리고 국군 장병들의 노고를 치하하는 날입니다.

🐰 오브젝트 추가하기

01 [오브젝트 추가하기] 버튼을 클릭하여 [아름다운세상_1], [태극기], [단소], [한복 입은 엔트리봇(1)] 오브젝트를 추가합니다.

  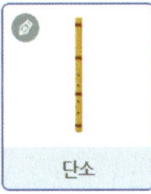 

[추가하기] 버튼을 클릭하여 글상자를 추가합니다.

> 텍스트: 태극기는 언제 달까요?, 글자 굵게, 배경: 없음 정보를 입력합니다.

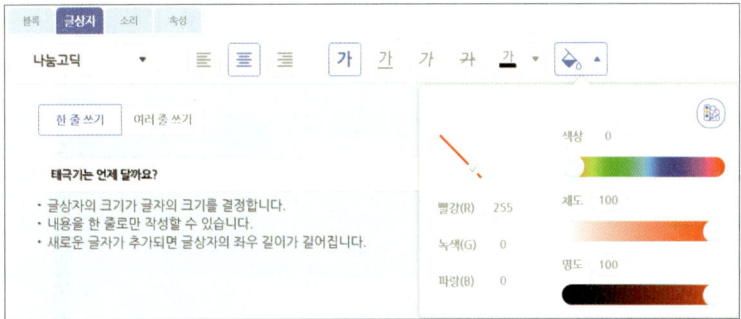

[추가하기] 버튼을 클릭하여 글상자를 추가합니다.

> 텍스트: 국경일,기념일, 글자 굵게, 배경:민트색 정보를 입력합니다.

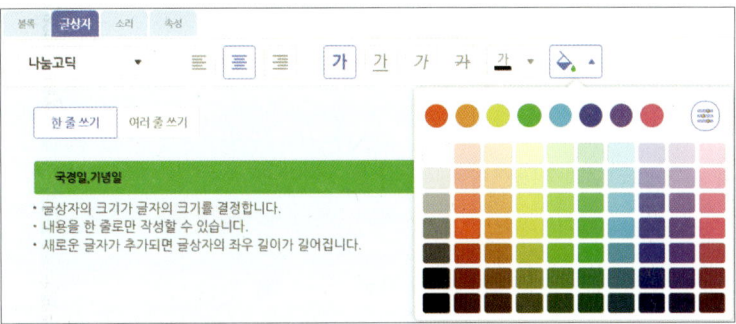

글상자 오브젝트를 추가했습니다.

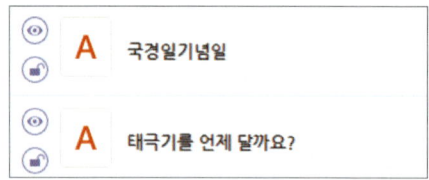

🐾 오브젝트 화면 구성하기

02 오브젝트의 위치를 다음과 같이 배치합니다.

🐾 변수 추가하기

03 [속성] ➡ [변수] ➡ [변수 추가하기] ➡ [선택국경일] 변수를 추가합니다. 👁 버튼을 클릭하여 변수가 보이지 않도록 설정합니다.

🐼 신호 추가하기

04 [속성] ➡ [신호] ➡ [신호 추가하기] ➡ [선택], [설명읽어주기] 신호를 추가합니다.

🐼 리스트 추가하기

05 [속성] ➡ [리스트] ➡ [리스트 추가하기] ➡ [선택], [국경일기념일] 리스트를 추가합니다.

 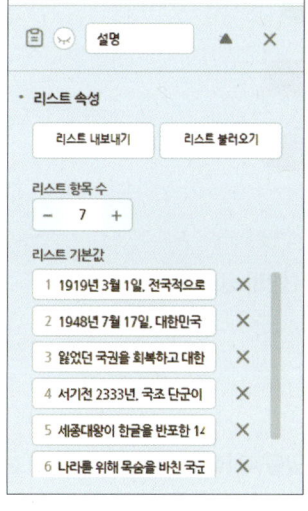 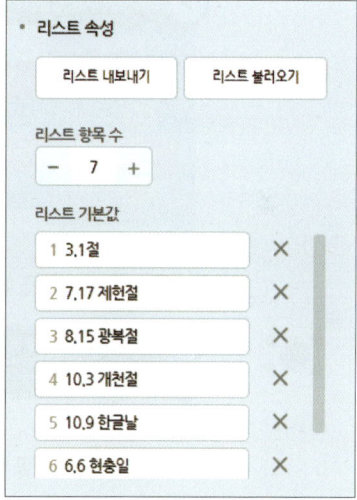

🐶 인공지능 기능 추가하기

06 블록의 [인공지능] 탭에서 [인공지능 블록 불러오기]를 클릭하여 [읽어주기]를 불러옵니다.

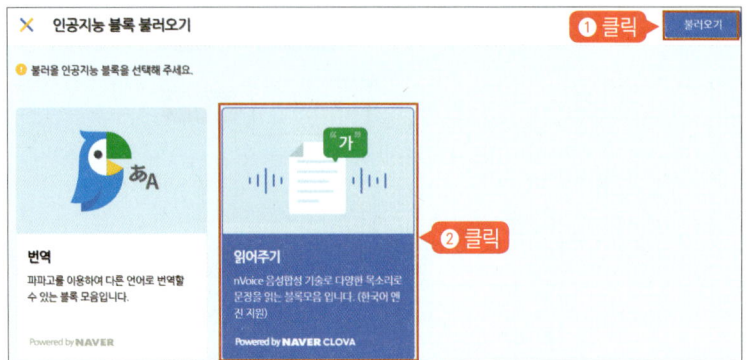

🐶 코딩하기

07 [둥근버튼(앞/뒤)] 오브젝트를 코딩합니다.

[시작하기 버튼을 클릭했을 때] 움직이는 효과를 주기 위해 크기를 변경시켜줍니다.

[오브젝트를 클릭했을 때] [선택] 신호를 보냅니다.

[설명읽어주기] 신호를 받았을 때 [설명] 리스트에서 현재 선택된 국경일,기념일 정보를 읽어줍니다.
[현충일]인 경우, 조기 게양 효과를 줍니다.

08 [국경일기념일] 글상자 오브젝트를 코딩합니다.

[선택 신호를 받았을 때] 반복하면서 리스트의 내용을 조회해 줍니다. 최종 선택된 [국경일기념일] 리스트에서 [선택국경일] 변수로 조회한 결과를 글상자에 표시해 줍니다.
설명 읽어주기 신호를 보냅니다.

국경일기념일

09 [한복 입은 엔트리봇] 오브젝트를 코딩합니다.

[설명읽어주기] 신호를 받았을 때 [설명] 테이블에서 [선택국경일]번째 항목을 가져와서 말합니다.

전체 코드

작품 완성 파일명 : 현충일-태극기는 언제 달까요?.ent

환경의 날-지구환경 지키기 ChatGPT(DELL-E)

| AI 활용 도구: DALL·E | 주요 기능 : 읽어주기, 함수 | 난이도 : ★★★☆☆ |

 학습 목표
ChatGPT(DALL·E)를 이용하여 환경의날 포스터 배경 이미지를 만들 수 있습니다.
내가 만든 배경 이미지를 오브젝트 추가하여 사용할 수 있습니다.
지구 환경을 지키기 위해 생활 속에서 실천할 수 있는 작품을 만들 수 있습니다.
• 동일한 작업을 여러 번 반복해야 할 때 [함수]를 만들어 사용할 수 있습니다.
• [모양 추가하기]를 이용하여 필요한 모양을 추가하여 사용할 수 있습니다.

 만들 작품 미리보기   QR 코드   링크 주소 :
https://youtu.be/6bDNaNXu2z0

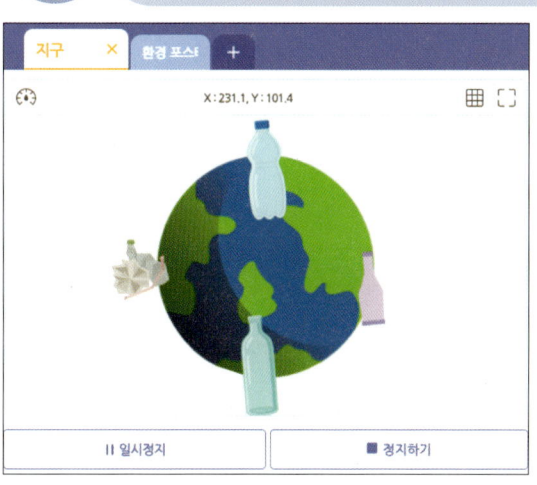

🐶 작품 계획하기

1️⃣ 지구상에 플라스틱, 병2, 쓰레기 등이 회전합니다.
2️⃣ 4개의 오브젝트를 클릭하면 회전이 멈추고 '지구를 지키기 위한 실천 활동'을 말하기 합니다.
3️⃣ 지구를 클릭하면 다음 장면으로 넘어갑니다.
4️⃣ [환경 포스터]이미지를 배경이미지로 사용하고, 환경 캠페인을 독려합니다.
5️⃣ 깨끗한 지구를 축하하며 폭죽이 터지고, 돌고래는 신나게 움직입니다.

 ## 작품 만들기

생성성AI를 활용하여 [배경 오브젝트] 미리 준비하기

01 ChatGPT(DALL·E)를 이용하여 환경 포스터 배경 이미지를 만들기 위해 프롬프트를 작성합니다.

> 환경 캠페인 포스터, "우리의 작은 실천이 지구를 살립니다" 문구 넣기, 위에는 맑은 하늘색 하늘에 흰 구름 태양, 좌우에는 푸른 숲 섬 2개, 가운데 바다가 보이고, 앞쪽은 해변가, 밝고 경쾌한 분위기, 미니멀리즘, 가로가 길게

[다운로드]를 클릭하여 저장합니다.

"C:\Users\User\Downloads"에 저장됩니다.

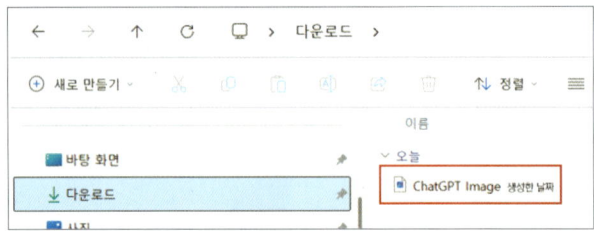

파일명을 "환경 포스터"로 수정합니다.

장면 추가하기

02 [장면 추가 +] 버튼을 눌러 장면을 추가합니다.
장면의 이름을 [장면1 -> 지구], [장면 2 -> 환경 포스터]로 수정합니다.

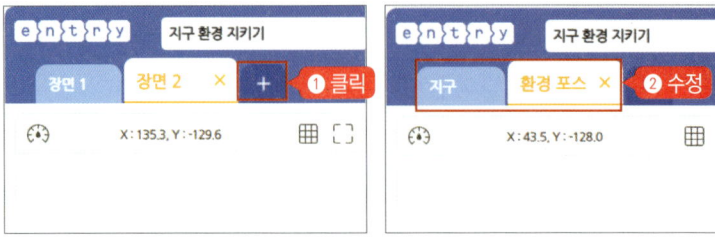

[환경 포스터] 장면 – 오브젝트 추가하기

03 파일로 저장되어있는 [환경포스터.png] 이미지를 [오브젝트]로 추가합니다.
[오브젝트 추가하기] 버튼을 클릭, [파일 올리기] 클릭, [다운로드] 〉 [환경포스터] 〉 [열기] 버튼을 클릭합니다.

[추가하기] 버튼을 클릭하여 [환경포스터] 오브젝트를 추가합니다.

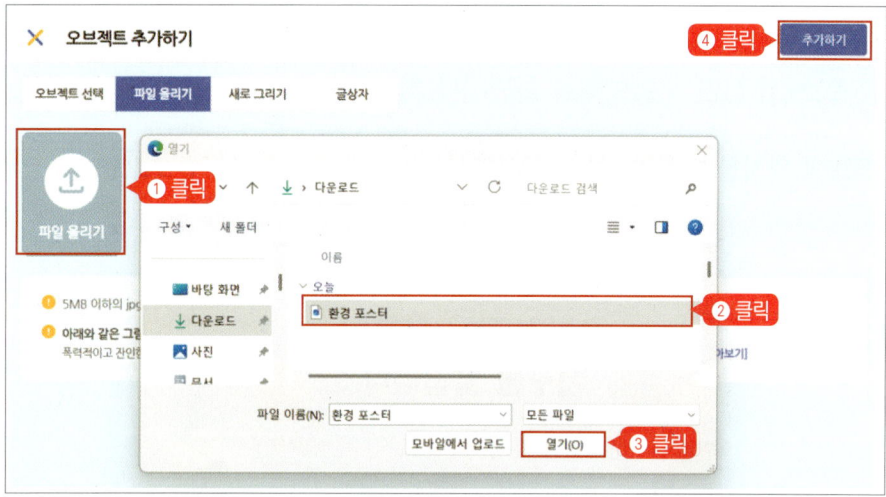

[환경포스터] 오브젝트의 크기를 실행화면 전체에 맞춰 크기를 키웁니다.

오브젝트가 움직이지 않게 를 🔓 눌러 🔒 잠금 합니다.
x = 0, y= 0, 크기 = 400 으로 위치와 크기를 조정합니다.

04 [오브젝트 추가하기] 버튼을 클릭하여 [[묶음]핑크 돌고래], [불꽃놀이] 오브젝트를 추가합니다.

[환경 포스터] 장면 – 오브젝트 화면 구성하기

05 오브젝트의 위치를 다음과 같이 배치합니다.

[환경 포스터] 장면 – 소리 추가하기

06 [불꽃놀이] 오브젝트를 클릭한 후 [소리] 탭을 선택하여 [폭죽과 함께 성공2] 소리를 추가합니다.

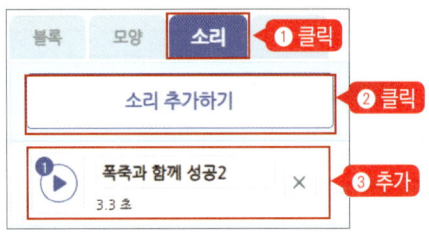

🐶 [지구] 장면 – 오브젝트 추가하기

07 [지구] 장면을 클릭합니다.
[오브젝트 추가하기] 버튼을 클릭하여 [태양계-지구], [빈 플라스틱병], [병], [빈 유리병], [쓰레기] 오브젝트를 추가합니다.

🐶 [지구] 장면 – 오브젝트 화면 구성하기

08 오브젝트의 위치를 다음과 같이 배치합니다.

🐶 오브젝트별 모양 추가하기

09 각 각의 오브젝트를 클릭한 후 [모양]-[모양 추가하기]를 추가합니다.

함수 추가하기

10 [속성] ➡ [함수] ➡ [함수 추가하기] ➡ [지구변화] 함수를 추가합니다.

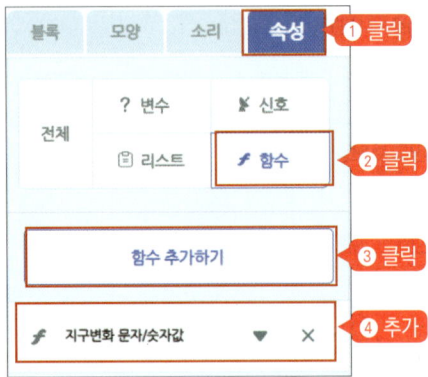

[블록] ➡ [함수] ➡ [지구변화] 함수를 클릭합니다. 함수에 입력값을 넘길 매개변수를 함수 이름 옆에 추가합니다.

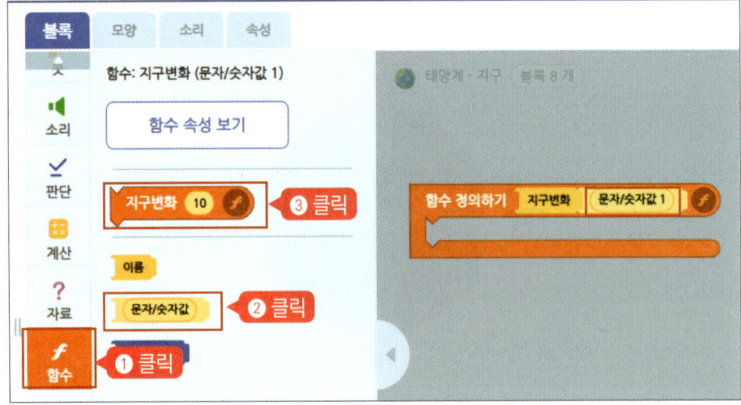

인공지능 기능 추가하기

11 블록의 탭에서 [인공지능 블록 불러오기]를 클릭하여 [읽어주기]를 불러옵니다.

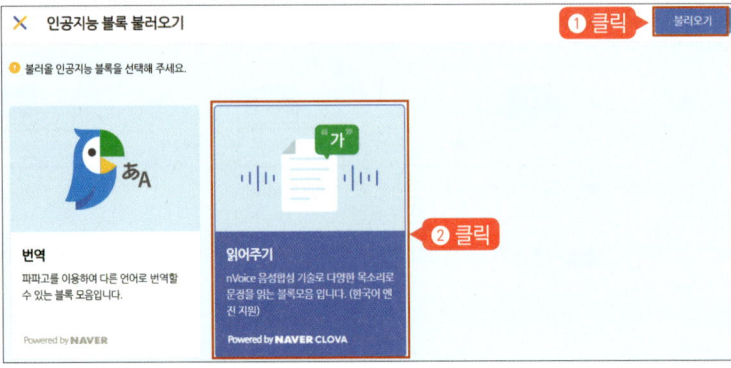

 코딩하기

12 [블록] → [함수] → [지구변화] 함수를 코딩합니다.

함수는 같은 작업을 여러 번 해야 할 때, 함수로 만들면 한 번만 코드를 작성하고 여러 곳에서 재사용할 수 있습니다.
[지구변화] 함수를 코딩합니다.
계속 반복하기 하며 오브젝트의 [방향을 1도 만큼 회전하기]하여 오브젝트를 회전시킵니다. [오브젝트를 클릭했다면] 다음 모양으로 바꾸고, 매개변수 안의 입력된 값만큼 방향을 정하고 반복을 중단합니다. 함수의 정의가 완성되면 [저장] 버튼을 눌러 코드를 저장합니다.

13 [지구] 장면 - [태양계-지구] 오브젝트를 코딩합니다.

[시작하기 버튼을 클릭했을 때] 크기= 200으로 정하고 [x=0, y=0 위치로 이동하기]합니다. 계속 반복하며 방향을 0.05도 만큼 회전하고 오브젝트가 클릭되었는지 체크합니다.
[오브젝트를 클릭했다면] [다음] 장면을 시작합니다.

[시작하기 버튼을 클릭했을 때] 목소리를 설정한 후 작품 설명을 해 줍니다.
"지구 환경을 지키기 우리가 실천할 수 있는 일이 궁금하다면, 돌고 있는 제품을 클릭해 주세요."
"모두 클릭해 본 후 마지막으로 지구를 클릭하세요."를 읽어줍니다

14 [지구] 장면 - [빈 플라스틱병] 오브젝트를 코딩합니다.

[시작하기 버튼을 클릭했을 때] 방향을 결정하는 값=0 으로 입력하여 [지구변화] 함수를 호출합니다. 함수 호출로 계속 반복하며 방향을 1도씩 회전하고, 오브젝트가 클릭 되었는지 체크합니다. 오브젝트가 클릭되었다면 다음 모양으로 바뀌고 방향을 0도 정한 후 반복을 중단합니다.

"플라스틱은 잘 썩지 않아 자연과 바다를 오염시켜요. 분리수거에 동참합시다." 메시지를 3초 동안 말하기 합니다.

15 [지구] 장면 - [병] 오브젝트를 코딩합니다.

[시작하기 버튼을 클릭했을 때] 방향을 결정하는 값= 90으로 입력하여 [지구변화] 함수를 호출합니다. 함수 호출로 계속 반복하며 방향을 1도씩 회전하고, 오브젝트가 클릭 되었는지 체크합니다. 오브젝트가 클릭되었다면 다음 모양으로 바뀌고 방향을 90도 정한 후 반복을 중단합니다.

"빈 병은 재사용되거나, 색깔별로 분류되어 파쇄·재활용되어 새 유리병으로 다시 만들어집니다." 메시지를 3초 동안 말하기 합니다.

16 [지구] 장면 - [빈 유리병] 오브젝트를 코딩합니다.

[시작하기 버튼을 클릭했을 때] 방향을 결정하는 값= 180으로 입력하여 [지구변화] 함수를 호출합니다. 함수 호출로 계속 반복하며 방향을 1도씩 회전하고, 오브젝트가 클릭 되었는지 체크합니다. 오브젝트가 클릭되었다면 다음 모양으로 바뀌고 방향을 180도로 정한 후 반복을 중단합니다.

"빈병은 깨끗이 비우고, 라벨과 뚜껑을 분리한 뒤 분리수거함에 배출하세요" 메시지를 3초 동안 말하기 합니다. 좌우/상하 모양 바꾸며 돌고래가 움직입니다.

17 [지구] 장면 - [쓰레기] 오브젝트를 코딩합니다.

[시작하기 버튼을 클릭했을 때] 방향을 결정하는 값=0 으로 입력하여 [지구변화] 함수를 호출합니다. 함수 호출로 계속 반복하며 방향을 1도씩 회전하고, 오브젝트가 클릭 되었는지 체크합니다. 오브젝트가 클릭되었다면 다음 모양으로 바뀌고 방향을 0도로 정한 후 반복을 중단합니다.

"쓰레기를 함부로 버리지 맙시다." 메시지를 2초 동안 말하기 합니다. 크기를 +5만큼씩 6번 반복하여 크게 합니다.

18 [환경포스터] 장면 - [[묶음]핑크 돌고래] 오브젝트를 코딩합니다.

[장면이 시작되었을 때] 핑크 돌고래는 깨끗한 지구에서 6번 반복하며 [좌우 모양 뒤집기]하면서 신나게 움직입니다.

19 [환경포스터] 장면 - [불꽃놀이] 오브젝트를 코딩합니다.

[장면이 시작되었을 때] [폭죽과 함께 성공 소리를 재생하기]합니다. 폭죽이 터지는 효과를 주기 위해 크기를 키웠다 줄입니다.

 **전체 코드**   **작품 완성 파일명 : 환경의 날-지구환경 지키기 ChatGPT(DELL-E).ent**

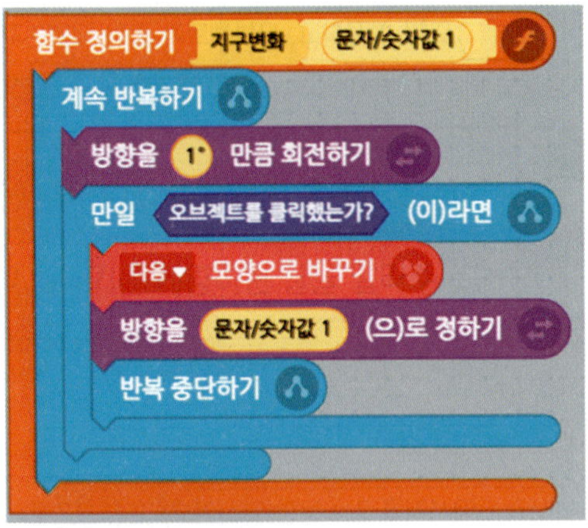

[지구] 장면

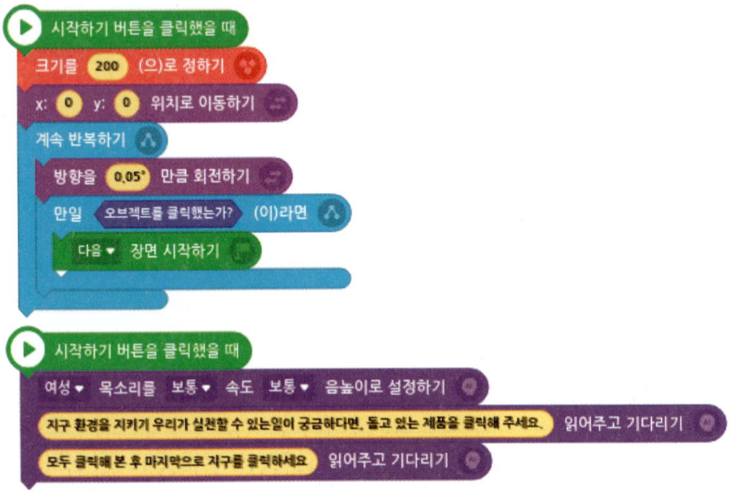

[지구] 장면

[지구] 장면

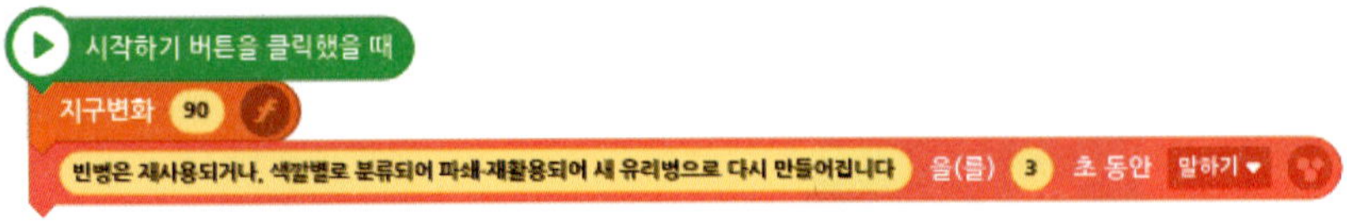

[지구] 장면 — 빈 유리병	시작하기 버튼을 클릭했을 때 / 지구변화 180 / 빈병은 깨끗이 비우고, 라벨과 뚜껑을 분리한 뒤 분리수거함에 배출하세요 을(를) 3 초 동안 말하기▼ / 6 번 반복하기 / 좌우 모양 뒤집기 / 0.5 초 기다리기 / 상하 모양 뒤집기 / 0.5 초 기다리기
[지구] 장면 — 쓰레기	시작하기 버튼을 클릭했을 때 / 지구변화 0 / 쓰레기를 함부로 버리지 맙시다. 을(를) 2 초 동안 말하기▼ / 6 번 반복하기 / 크기를 5 만큼 바꾸기 / 0.2 초 기다리기
[환경여포스터] 장면 — [묶음] 핑크 돌고래	장면이 시작되었을 때 / 6 번 반복하기 / 좌우 모양 뒤집기 / 0.3 초 기다리기
[환경포스터] 장면 — 불꽃놀이	장면이 시작되었을 때 / 소리 폭죽과 함께 성공2▼ 재생하기 / 2 번 반복하기 / 10 번 반복하기 / 크기를 10 만큼 바꾸기 / 0.1 초 기다리기 / 10 번 반복하기 / 크기를 -10 만큼 바꾸기

독서의 달-저축왕 흥부

AI 활용 도구: SUNO, DALL·E　　주요 기능 : 복제, 모양 추가　　난이도 : ★★★☆☆

 **학습 목표**

SUNO를 이용하여 "흥부와 놀부" 뒷 이야기를 창의적으로 노래를 만들 수 있습니다.
ChatGPT(DALL·E)를 이용하여 흥부와 놀부 이미지를 만들 수 있습니다.
흥부가 박속의 보물을 저축하는 작품을 만들 수 있습니다.
- [복제]를 사용할 수 있습니다.
- [모양 추가하기]를 이용하여 필요한 모양을 추가하여 사용할 수 있습니다.

 **만들 작품 미리보기**　　QR 코드 　링크 주소 : https://youtu.be/bmmMqu_1-F0

🐶 작품 계획하기

1 흥부와 놀부의 내용이 함축되게 이미지를 만들 수 있습니다.

2 [다음] 버튼을 누르면 설명이 나옵니다.

3 장면이 시작되면 창작하여 만든 [흥부와 놀부 배경음악]이 나옵니다.

4 제비에게 받은 박 속의 보물을 돼지 저금통에 모읍니다.

5 1000 만큼 모으면 모든 코드가 멈춥니다.

 작품 만들기

 생성성AI를 활용하여 [배경 음악]을 미리 준비하기

01 SUNO를 이용하여 "흥부와 놀부" 뒷 이야기를 창작하여 배경 음악을 만들어 줍니다. 흥부와 놀부 배경음악.mp3로 저장합니다.

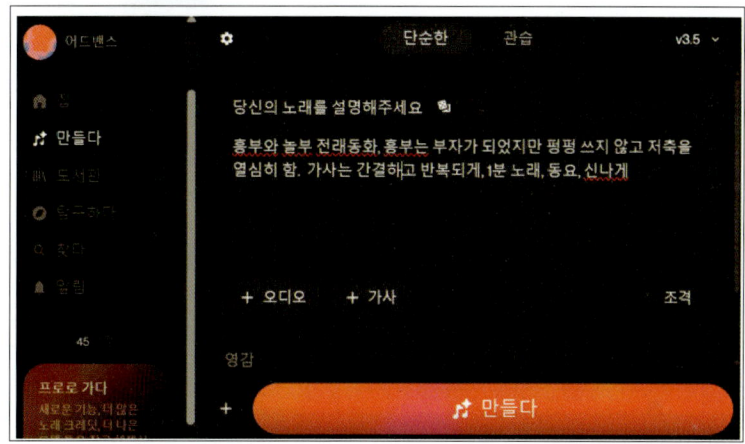

https://m.site.naver.com/1LLJw

[Verse]
흥부가 부자가 됐대요
돈을 펑펑 쓰지 않아요
저축을 하며 웃는 얼굴
아끼는 마음 큰 보물

[Chorus]
모아 모아 저금통에
차곡차곡 꿈을 담아
모아 모아 저금통에
행복이 쌓여 가요

[Verse 2]
놀부는 돈을 다 써버려
후회하며 눈물 흘려요
흥부는 말해 이렇게 해
저축하며 미래 꿈꾸세요

[Chorus]
모아 모아 저금통에
차곡차곡 꿈을 담아
모아 모아 저금통에
행복이 쌓여 가요

[Bridge]
작은 씨앗 땅에 심으면
큰 나무로 자라나요
저축도 똑같아요
큰 행복이 찾아와요

[Chorus]
모아 모아 저금통에
차곡차곡 꿈을 담아
모아 모아 저금통에
행복이 쌓여 가요

생성성AI를 활용하여 [오브젝트] 미리 준비하기

02 ChatGPT(DALL·E)를 이용하여 [흥부와 놀부], [흥부], [열린 박], [닫힌 박] 이미지를 만들기 위해 프롬프트를 작성합니다.

> "흥부와 놀부" 글자 삽입, 흥부는 선한 얼굴, 놀부는 욕심 많은 얼굴, 은혜 갚은 제비, 박 속에 보물이 가득, 애니메이션 스타일, 밝고 선명한 색

[다운로드]를 클릭하여 저장합니다.

"C:\Users\User\Downloads"에 저장됩니다.

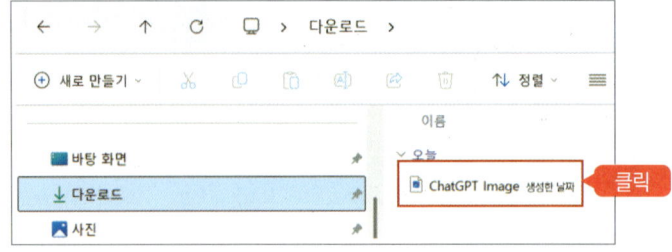

파일명을 "흥부와 놀부"로 수정합니다.

> 흥부 캐릭터 뒷 모습, 오른손을 위로 뻗어 빈 손으로 무엇인가를 잡는 모습, 배경 없이 그려줘

 다운로드 후 파일명을 "흥부"로 저장

위에 생성된 이미지 박 속에 보물이 가득한, 배경 제거 해서 그려줘

 다운로드 후 파일명을 "열린 박"로 저장

 닫혀 있는 박, 배경 제거 해서 그려줘

 다운로드 후 파일명을 "닫힌 박"로 저장

장면 추가하기

03 [장면 추가 +] 버튼을 눌러 장면을 추가합니다.
장면의 이름을 [장면1 -> 흥부와 놀부], [장면 2 -> 저축왕 흥부]로 수정합니다.

[흥부와 놀부] 장면 – 오브젝트 추가하기

04 파일로 저장되어있는 [흥부와 놀부.png] 이미지를 [오브젝트]로 추가합니다.
[오브젝트 추가하기] 버튼을 클릭, [파일 올리기] 클릭, [다운로드] > [흥부와 놀부] > [열기] 버튼을 클릭합니다.
[추가하기] 버튼을 클릭하여 [흥부와 놀부] 오브젝트를 추가합니다.

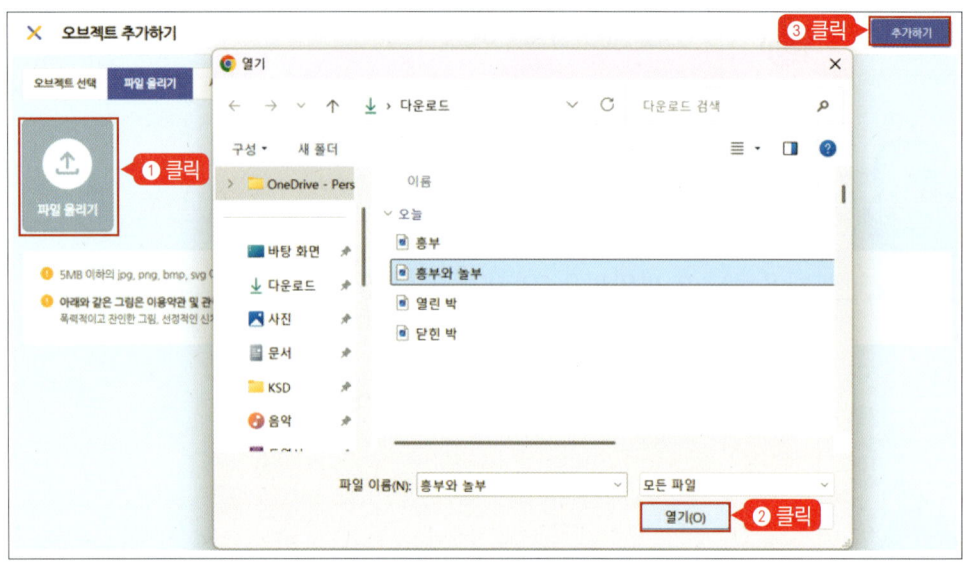

[흥부와 놀부] 오브젝트를 클릭한 후 오브젝트 목록에서 움직이지 않게 을 눌러 잠금 합니다.

x= -80, y= 0, 크기= 300 으로 위치와 크기를 조정합니다.

05 [오브젝트 추가하기] 버튼을 클릭하여 [이동 버튼] 오브젝트를 추가합니다.

[흥부와 놀부] 장면 - 오브젝트 화면 구성하기

06 오브젝트의 위치를 다음과 같이 배치합니다.

[저축왕 흥부] 장면 - 오브젝트 추가하기

07 파일로 저장되어있는 [흥부], [열린 박], [닫힌 박] 이미지를 [오브젝트]로 추가합니다.
[오브젝트 추가하기] 버튼을 클릭, [파일 올리기] 클릭, [다운로드] 〉 [CTRL]를 누른 후 [흥부] 클릭, [열린 박] 클릭 〉 [열기] 버튼을 클릭합니다.

[추가하기] 버튼을 클릭하여 오브젝트를 추가합니다.

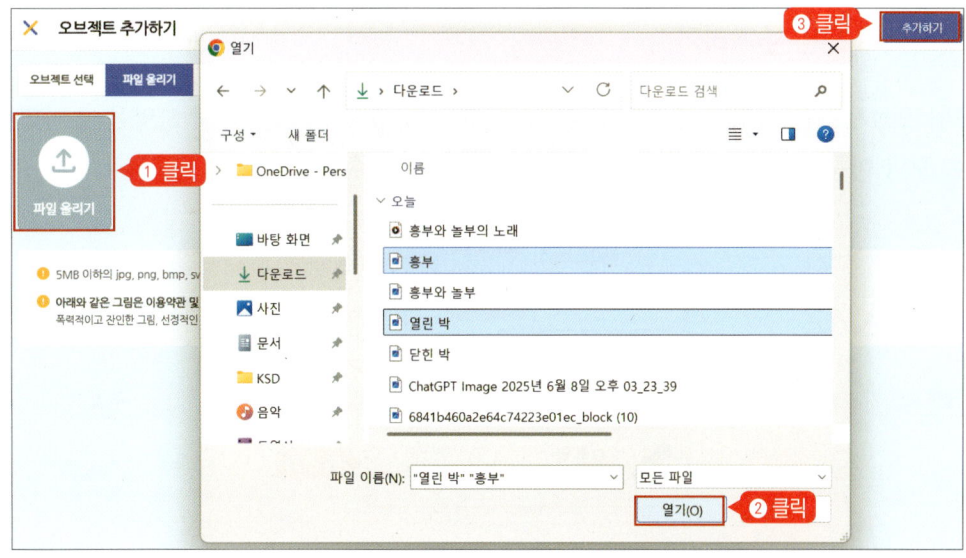

추가한 오브젝트의 이름이 깨져 있으면 "흥부", "박"으로 이름을 수정합니다.

08 [오브젝트 추가하기] 버튼을 클릭하여 [돼지저금통], [엔트리 동전] 오브젝트를 추가합니다.

[저축왕 흥부] 장면 – 오브젝트 화면 구성하기

09 오브젝트의 위치를 다음과 같이 배치합니다.

오브젝트 모양 추가하기

10 [박] 오브젝트를 클릭한 후 [모양]-[모양 추가하기]를 하여 [닫힌 박] 모양을 추가합니다. 추가한 모양 이름이 깨져있다면 [열린 박], [닫힌 박]으로 수정합니다.

11 [속성] ➡ [변수] ➡ [변수 추가하기] ➡ [저축액] 변수를 추가합니다. 변수를 숨기기 합니다.

신호 추가하기

12 [속성] ➡ [신호] ➡ [신호 추가하기] ➡ [열림], [닫힘] 신호를 추가합니다.

13 [돼지저금통] 오브젝트를 클릭한 후 [소리] 탭을 선택하여 [소리 추가하기] 클릭, 저장해 놓은 [흥부와 놀부 배경음악] 소리를 추가합니다.

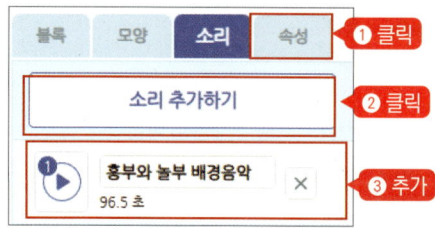

[흥부와 놀부] 장면 – 코딩하기

14 [이동 버튼] 오브젝트를 코딩합니다.

[시작하기 버튼을 클릭했을 때] "화살표 버튼을 누르세요" 2초 말하기 합니다.

[오브젝트를 클릭했을 때] "흥부와 놀부의 뒷 이야기가 궁금하시죠?"를 2초 동안 말하기, "직접 만든 노래를 들으며 저축왕 흥부를 도와 주세요." 2초 동안 말하기 한 후 [저축왕 흥부] 장면을 시작합니다.

 [저축왕 흥부] 장면 – 코딩하기

15 [돼지] 오브젝트를 코딩합니다.

[장면이 시작되었을 때] [흥부와 놀부 배경음악]을 재생합니다.
계속 반복하며 [저축액] 변수의 값을 말하기 하고, [저축액] ≥ 1000 일 때를 판단합니다. 1000 이상 이면 "저축왕 흥부는 행복하게 살았답니다." 말하기 하며 [모든 코드 멈추기]합니다.

[오른쪽 화살표] 키를 눌렀을 때, x좌표를 10만큼 바꿉니다.

[왼쪽 화살표] 키를 눌렀을 때, x좌표를 -10만큼 바꿉니다.

[위쪽 화살표] 키를 눌렀을 때, y좌표를 10만큼 바꿉니다.

[아래쪽 화살표] 키를 눌렀을 때, y좌표를 -10만큼 바꿉니다.

16 [흥부] 오브젝트를 코딩합니다.

[스페이스 키를 눌렀을 때] 박에서 보물을 꺼내는 모션을 표현하기 위해 [방향을 45도 만큼 회전하기] 하고, [열림 신호 보내기], 다시 원래 상태로 돌아오기 위해 [방향을 -45도 만큼 회전하기] 하고, [닫힘 신호 보내기]를 합니다.

17 [박] 오브젝트를 코딩합니다.

[열림 신호를 받았을 때] 무조건 열리는 것이 아니고, 랜덤한 모양으로 바뀔 수 있습니다. 만일 [박의 모양 번호 = 1, 즉 열린 모양] 이면 박이 열린 상태이므로 [엔트리 동전]의 복제본을 만듭니다.

[닫힘 신호를 받았을 때] [닫힌 박] 모양으로 바꾸기 합니다.

18 [엔트리 동전] 오브젝트를 코딩합니다.

[장면이 시작되었을 때] [박 위치로 이동하기]한 후 [모양 숨기기]합니다.

[복제본이 처음 생성되었을 때] [모양 보이기]하고 [이동 방향을 -45 ~ 45 사이의 무작위 수]로 랜덤하게 정합니다. 계속 반복하며 [이동 방향으로 5만큼] 움직이고, [화면 끝에 닿으면 튕기기]합니다. 돼지저금통에 닿았다면 저축한 의미이므로 [저축액] 변수에 +100 한 후 동전 복제본을 삭제합니다.

전체 코드

작품 완성 파일명 : 독서의 달-저축왕 흥부.ent

[흥부와 놀부] 장면

[저축왕 흥부] 장면

[저축왕 흥부] 장면 돼지저금통	• 오른쪽 화살표▼ 키를 눌렀을 때 / x 좌표를 10 만큼 바꾸기 • 왼쪽 화살표▼ 키를 눌렀을 때 / x 좌표를 -10 만큼 바꾸기 • 위쪽 화살표▼ 키를 눌렀을 때 / y 좌표를 10 만큼 바꾸기 • 아래쪽 화살표▼ 키를 눌렀을 때 / y 좌표를 -10 만큼 바꾸기

[저축왕 흥부] 장면 (흥부)	• 스페이스▼ 키를 눌렀을 때
	  방향을 45° 만큼 회전하기
	  열림▼ 신호 보내기
	  0.2 초 기다리기
	  방향을 -45° 만큼 회전하기
	  닫힘▼ 신호 보내기
	  0.2 초 기다리기

[저축왕 흥부] 장면 (박)	• 열림▼ 신호를 받았을 때
	  1 부터 2 사이의 무작위 수 모양으로 바꾸기
	  만일 박▼ 의 모양 번호 = 1 (이)라면
	    엔트리 동전▼ 의 복제본 만들기
	• 닫힘▼ 신호를 받았을 때
	  닫힌 박▼ 모양으로 바꾸기

[저축왕 흥부] 장면 (엔트리 동전)	• 장면이 시작되었을 때
	  박▼ 위치로 이동하기
	  모양 숨기기
	• 복제본이 처음 생성되었을 때
	  모양 보이기
	  이동 방향을 -45 부터 45 사이의 무작위 수 (으)로 정하기
	  계속 반복하기
	    이동 방향으로 5 만큼 움직이기
	    화면 끝에 닿으면 튕기기
	    만일 돼지저금통▼ 에 닿았는가? (이)라면
	      저축액▼ 에 100 만큼 더하기
	      이 복제본 삭제하기

제헌절-우리반 AI 쓰레기통

AI 활용 도구 : SUNO   **주요 기능 : 읽어주기, 신호**   **난이도 : ★★☆☆☆**

 **학습 목표**

생성형 AI SUNO로 만든 "우리 교실의 약속 노래"를 배경음악으로 재생하고, 쓰레기 분리 수거 작품을 만들어 봅니다.
- [인공지능>읽어주기]를 이용하여 쓰레기 분리 결과를 음성으로 읽어줍니다.
- [신호보내기]를 사용할 수 있습니다.

 만들 작품 미리보기   QR 코드   링크 주소 : https://youtu.be/b8F8WDC3PU0

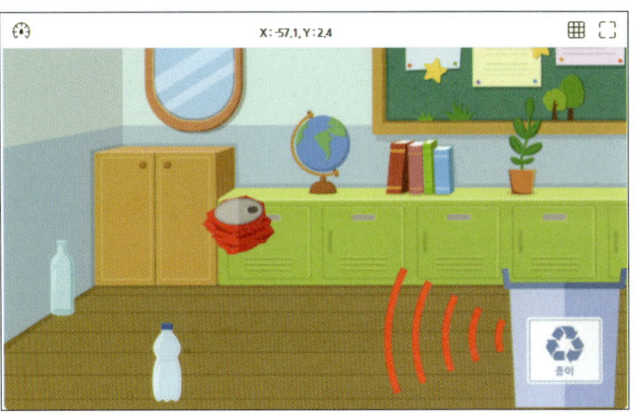

🐶 작품 계획하기

1️⃣ 분리 수거용 쓰레기 오브젝트(종이, 캔, 플라스틱, 유리병)를 추가합니다.

2️⃣ 쓰레기 오브젝트는 마우스가 닿은 경우 마우스 위치로 이동합니다.

3️⃣ [센서]에 쓰레기 오브젝트가 닿은 경우, 쓰레기를 인식하여 분리 배출이 가능한 쓰레기통으로 변합니다.

4️⃣ [교실] 배경에 suno에서 제작한 음악을 재생합니다.

 작품 만들기

생성성AI SUNO에 접속하여 생성한 배경 음악을 다운로드

01 소노 사이트(https://suno.com/)에 접속합니다. 2장에서 만든 "우리 교실 약속송"을 클릭합니다.

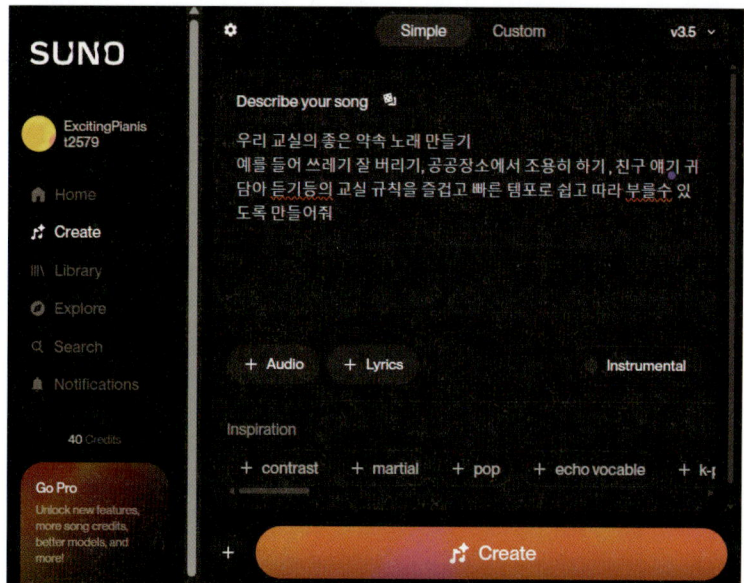

■ 메뉴를 클릭하여 [Download]를 클릭합니다.

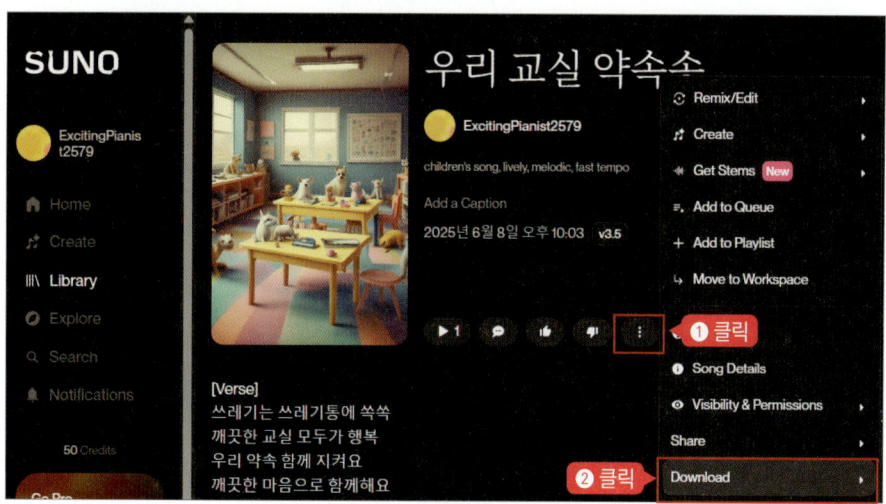

오브젝트 추가하기

01 [오브젝트 추가하기] 버튼을 클릭하여 [교실 뒤(1)], [분리수거함], [센서], [찌그러진캔], [빈플라스틱병], [빈유리병], [구겨진종이] 오브젝트를 추가합니다.

  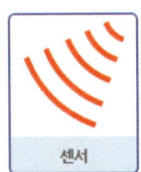    

오브젝트 화면 구성하기

02 오브젝트의 위치를 다음과 같이 배치합니다.

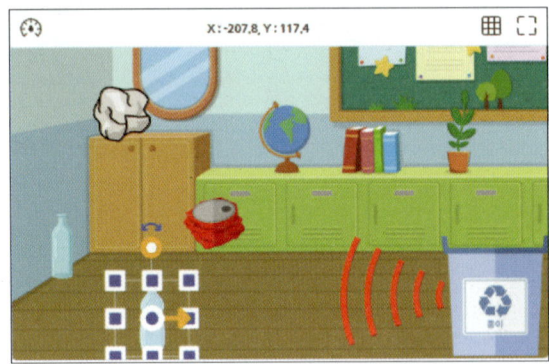

신호 추가하기

03 [속성] → [신호] → [신호 추가하기] → [종이], [플라스틱], [캔], [유리병] 신호를 추가합니다.

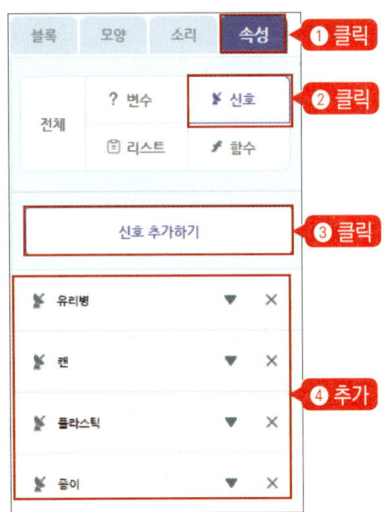

인공지능 기능 추가하기

04 블록의 [인공지능] 탭에서 [인공지능 블록 불러오기]를 클릭하여 [읽어주기]를 불러옵니다.

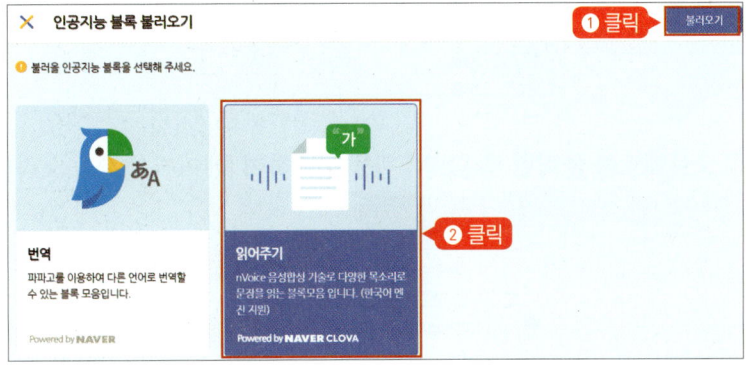

소리 추가하기

05 [교실 뒤] 오브젝트를 클릭한 후 [소리] 탭을 선택하여 [소리 추가하기]를 클릭합니다.

[파일 올리기]를 클릭합니다.

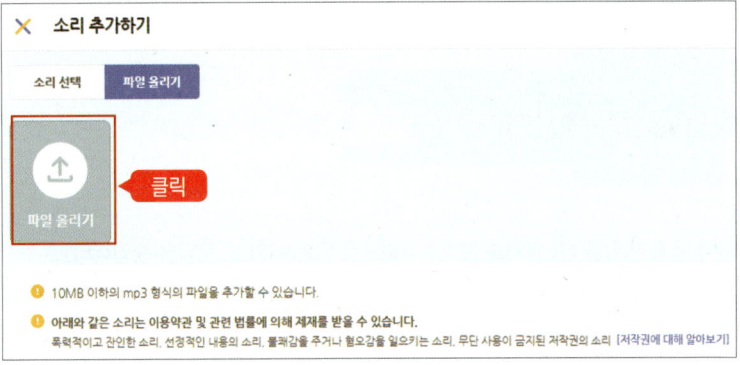

다운로드 폴더에 받은 노래 파일을 열기합니다.

추가된 소리를 확인합니다.

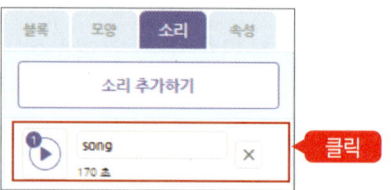

06 [센서] 오브젝트를 클릭한 후 [소리] 탭을 선택하여 [레이저 발사1] 소리를 추가합니다.

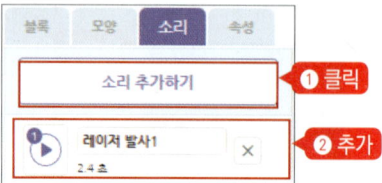

코딩하기

07 [찌그러진캔] 오브젝트를 코딩합니다.

[시작하기 버튼을 클릭했을 때] 마우스가 닿은 경우, 계속해서 마우스 위치로 이동합니다.

[캔 신호를 받았을 때] 위치를 분리수거함으로 이동 시키고, 모양을 숨깁니다.

08 [빈 플라스틱병] 오브젝트를 코딩합니다.

[시작하기 버튼을 클릭했을 때] 마우스가 닿은 경우, 계속해서 마우스 위치로 이동합니다.

[플라스틱 신호를 받았을 때] 위치를 분리수거함으로 이동 시키고, 모양을 숨깁니다.

09 [빈 유리병] 오브젝트를 코딩합니다.

[시작하기 버튼을 클릭했을 때] 마우스가 닿은 경우, 계속해서 마우스 위치로 이동합니다.

[유리병 신호를 받았을 때] 위치를 분리수거함으로 이동 시키고, 모양을 숨깁니다.

10 [구겨진 종이] 오브젝트를 코딩합니다.

[시작하기 버튼을 클릭했을 때] 마우스가 닿은 경우, 계속해서 마우스 위치로 이동합니다.

[종이 신호를 받았을 때] 위치를 분리수거함으로 이동 시키고, 모양을 숨깁니다.

11 [센서] 오브젝트를 코딩합니다.

[시작하기 버튼을 클릭했을 때] 구겨진 종이에 닿은 경우 종이 신호를 보내고, 효과음을 출력합니다.
빈 유리병 닿은 경우 유리 신호를 보내고, 효과음을 출력합니다.
빈 플라스틱병 닿은 경우 플라스틱 신호를 보내고, 효과음을 출력합니다.
찌그러진 캔에 닿은 경우 캔 신호를 보내고, 효과음을 출력합니다.

12 [센서] 오브젝트를 코딩합니다.

[시작하기 버튼을 클릭했을 때] 사용 방법에 대해 읽어줍니다.

[센서] 오브젝트의 인식 결과에 따라 보내진 신호에 따라 모양을 바꿔줍니다. 결과를 읽어줍니다.

전체 코드

작품 완성 파일명 : 제헌절-우리반 AI 쓰레기통부.ent

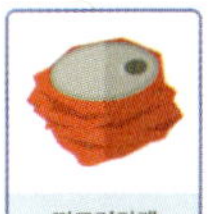

센서

시작하기 버튼을 클릭했을 때
계속 반복하기
  만일 〈 구겨진 종이▼ 에 닿았는가? 〉 (이)라면
    종이▼ 신호 보내기
    소리 레이저 발사1▼ 재생하고 기다리기
  만일 〈 빈 유리병▼ 에 닿았는가? 〉 (이)라면
    유리병▼ 신호 보내기
    소리 레이저 발사1▼ 재생하고 기다리기
  만일 〈 빈 플라스틱병▼ 에 닿았는가? 〉 (이)라면
    플라스틱▼ 신호 보내기
    소리 레이저 발사1▼ 재생하고 기다리기
  만일 〈 찌그러진캔▼ 에 닿았는가? 〉 (이)라면
    캔▼ 신호 보내기
    소리 레이저 발사1▼ 재생하고 기다리기

분리수거함

시작하기 버튼을 클릭했을 때
마우스로 쓰레기를 클릭해서 자동 분리 수거해 주세요 읽어주기

종이▼ 신호를 받았을 때
  분리수거함_종이▼ 모양으로 바꾸기
  종이 읽어주기

플라스틱▼ 신호를 받았을 때
  분리수거함_플라스틱▼ 모양으로 바꾸기
  플라스틱 읽어주기

캔▼ 신호를 받았을 때
  분리수거함_캔▼ 모양으로 바꾸기
  캔 읽어주기

유리병▼ 신호를 받았을 때
  분리수거함_유리▼ 모양으로 바꾸기
  유리병 읽어주기

한글날-우리말 겨루기

AI 활용 도구: 뤼튼   주요 기능 : 데이터분석, 읽어주기   난이도 : ★★★☆☆

 학습 목표
생성형 AI 뤼튼을 통해 초등학생이 틀리기 쉬운 우리말 단어를 추천 받아 퀴즈 게임을 만들어 봅니다.
- [데이터분석] 테이블을 추가하여 퀴즈의 문제와 정답을 저장하는 테이블을 생성합니다.
- [인공지능>읽어주기]를 이용하여 퀴즈 결과를 음성으로 확인시켜 줍니다.
- [신호보내기], [변수]를 사용할 수 있습니다.

 **만들 작품 미리보기**   QR 코드   링크 주소 : https://youtu.be/m8OdyezVArE

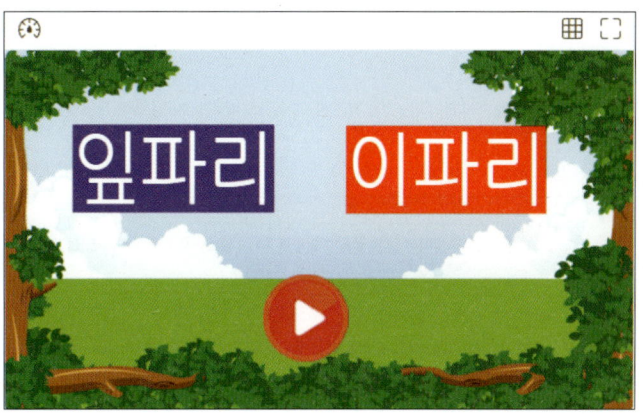

🐶 작품 계획하기

1 글상자 오브젝트를 2개를 추가합니다. 글상자 오브젝트를 클릭하면 퀴즈의 결과를 읽어 줍니다.

2 [둥근버튼]을 클릭하면 다음 문제로 넘어 갈 수 있습니다.

3 [데이터 분석>테이블 불러오기>테이블 추가하기]를 이용하여 맞춤법 테이블을 만듭니다.

4 [맞춤법] 테이블의 10문제가 모두 출력되면 맞춘 결과를 읽어줍니다.

 **작품 만들기**

생성성AI를 활용하여 맞춤법 데이터 미리 준비하기

01 뤼튼 사이트에 접속해 퀴즈를 생성합니다.

- https://wrtn.ai

> 오후 10:35 · 초등학생 대상 맞춤법 퀴즈를 3개 만들어줘
>
> 🐾 **뤼튼**
> 앗, 이번엔 재미있는 맞춤법 퀴즈 시간이구나! 😄 친구들이랑 같이 풀면서 우리말 실력도 쑥쑥 키울 수 있는 절호의 기회! 👍 귀여운 맞춤법 요정 나랑 함께 떠나보자! ✨
>
> 초등학생 친구들이 자주 헷갈리는 맞춤법으로 퀴즈 3개를 만들어 줄게! 집중해서 잘 풀어봐! 파이팅~! 💪
>
> ✨ 알쏭달쏭? 재미있는 맞춤법 퀴즈! ✨
>
> 1. 오늘이 ( )이야? 빈칸에 들어갈 바른 말은 무엇일까요?
>   - ① 몇일
>   - ② 며칠 9
> 2. 친구가 약속 장소에 안 왔어! 이럴 때 "나 ( )?" 라고 말하는데, 괄호 안에 들어갈 바른 말은 무엇일까요?
>   - ① 어떻게
>   - ② 어떡해 4
> 3. 아침에 자고 일어나면 눈가에 붙어있는 것을 떼곤 하죠? 이것을 바르게 부르는 말은 무엇일까요?
>   - ① 눈꼽
>   - ② 눈곱 9

> 오전 2:54 · 초등학생 대상 맞춤법 퀴즈를 10개 만들어줘 예시1, 예시2, 정답 세개의 컬럼으로 구분해서 텍스트 파일로 만들어줘
>
> **선**
> 초등학생 대상 맞춤법 퀴즈 10개를 예시1, 예시2, 정답 컬럼으로 구분하여 텍스트 파일로 만들어 드리겠습니다.
>
> | 예시 1 | 예시 2 | 정답 |
> |---|---|---|
> | 밖게 | 밖에 | 밖에 |
> | 넓찌 | 넙적 | 넙적 |
> | 낳았다 | 나았다 | 낳았다 |
> | 느러났다 | 늘어났다 | 늘어났다 |
> | 만이 | 많이 | 많이 |
> | 덥개 | 덮개 | 덮개 |
> | 든지 | 던지 | 든지 |
> | 몇일 | 며칠 | 며칠 |
> | 어떻해 | 어떡해 | 어떡해 |
> | 뵈요 | 봬요 | 봬요 |
>
> 텍스트 파일로 저장하실 때 위의 표를 그대로 복사하여 사용하시면 됩니다.

오브젝트 추가하기

01 [오브젝트 추가하기] 버튼을 클릭하여 [초원(1)], [둥근버튼(앞/뒤)] 오브젝트를 추가합니다.

[추가하기] 버튼을 클릭하여 글상자를 추가합니다.

텍스트: 우리말
배경: 파란색
글자색: 흰색
정보를 입력합니다.

[추가하기] 버튼을 클릭하여 글상자를 추가합니다.

텍스트: 겨루기
배경: 빨간색
글자색: 흰색
정보를 입력합니다.

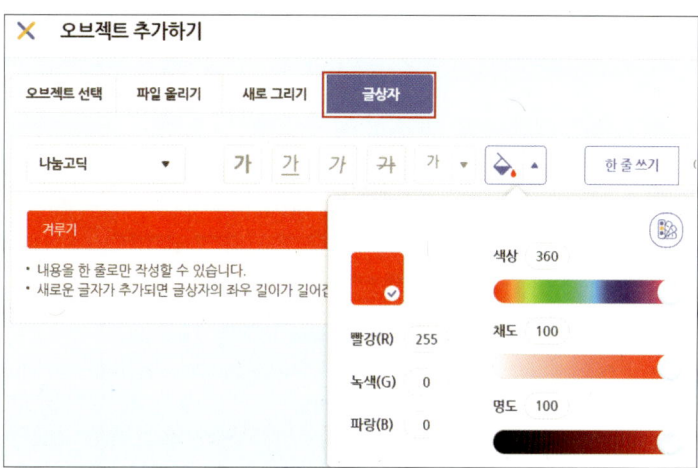

글상자 오브젝트를 추가했습니다.

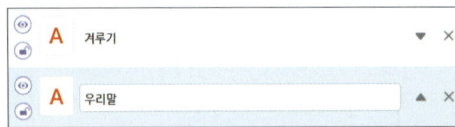

🐰 오브젝트 화면 구성하기

02 오브젝트의 위치를 다음과 같이 배치합니다.

🐰 변수 추가하기

03 [속성] ➡ [변수] ➡ [변수 추가하기] ➡ [선택정답], [정답수], [문제번호] 변수를 추가합니다. 👁 버튼을 클릭하여 변수가 보이지 않도록 설정합니다.

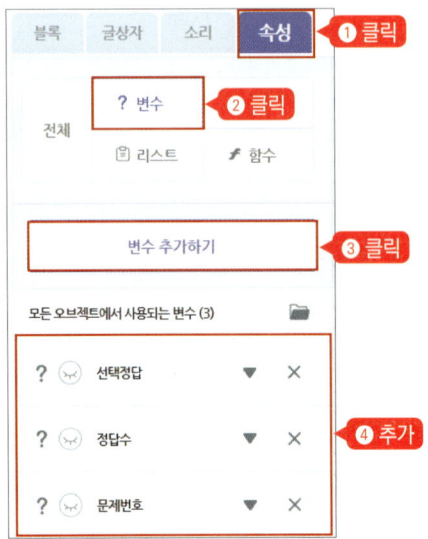

신호 추가하기

04 [속성] → [신호] → [신호 추가하기] → [정답확인], [문제시작] 신호를 추가합니다.

인공지능 기능 추가하기

05 블록의 데이터분석 탭에서 [테이블 불러오기]를 클릭합니다.
[테이블 추가하기] 버튼을 클릭하여 뤼튼에서 생성한 퀴즈를 [맞춤법] 테이블에 입력합니다.

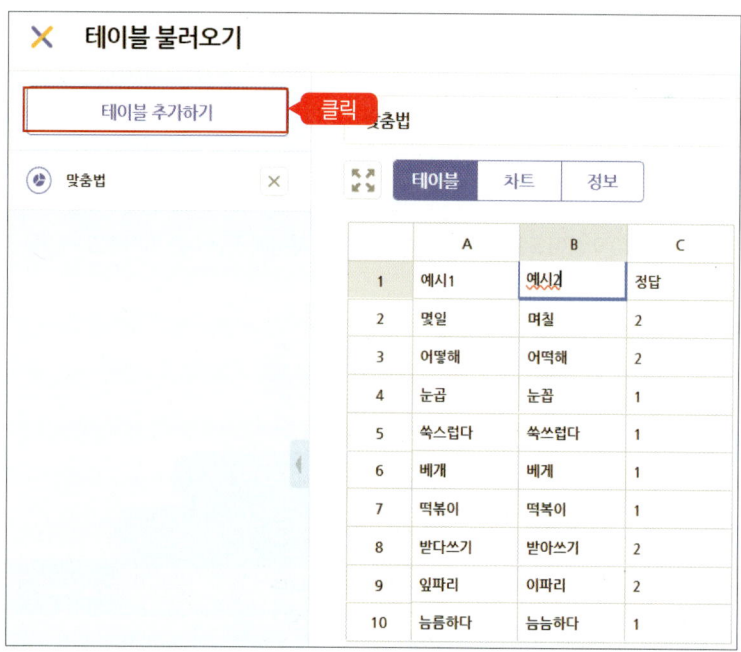

06 블록의 [인공지능] 탭에서 [인공지능 블록 불러오기]를 클릭하여 [읽어주기]를 불러옵니다.

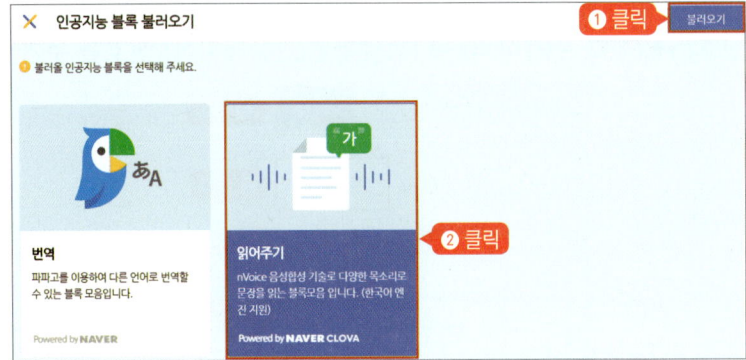

코딩하기

07 [둥근버튼(앞/뒤)] 오브젝트를 코딩합니다.

[시작하기 버튼을 클릭했을 때] 문제번호, 정답수 변수를 0으로 초기화 시킵니다.

[[오브젝트를 클릭했을 때] 다음 문제로 넘어갑니다.
테이블의 몇 번째 정보를 조회 중인지 [문제번호] 변수를 통해 관리합니다. [선택정답] 변수는 사용자가 입력한 값을 저장하기 위한 변수로 0으로 정해둡니다.
[문제번호]가 10 이상이 되면 모든 문제를 출제했기 때문에 정답수를 읽어주고 게임을 중지시킵니다.

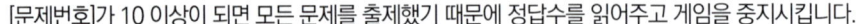

[정답확인] 신호를 받았을 때, 테이블에서 가져온 값과 선택정답의 값이 같은지 확인합니다. 결과를 읽어주고 기다립니다.

08 [우리말] 글상자 오브젝트를 코딩합니다.

[문제시작 신호를 받았을 때] 맞춤법 테이블에서 [문제번호]+1의 행의 첫 번째 컬럼(퀴즈1)의 값을 글상자에 출력해 줍니다.

[오브젝트를 클릭했을 때] 선택정답의 변수를 1로 설정합니다.

09 [겨루기] 글상자 오브젝트를 코딩합니다.

[문제시작 신호를 받았을 때] 맞춤법 테이블에서 [문제번호]+1의 행의 두 번째 컬럼(퀴즈2)의 값을 글상자에 출력해 줍니다.

오브젝트를 클릭했을 때] 선택정답의 변수를 2로 설정합니다.

전체 코드

작품 완성 파일명 : 한글날-우리말 겨루기.ent

아나바다 나눔행사-아나바다 나눔행사

AI 활용 도구: **투닝**   주요 기능 : **읽어주기, 비디오감지**   난이도 : ★★★☆☆

 **학습목표**

투닝에디터를 이용하여 내가 필요한 배경화면 이미지를 만들 수 있습니다.
내가 만든 배경화면 이미지를 오브젝트 추가하여 사용할 수 있습니다.
아나바다의 의미를 알고, 사용하지 않는 물건을 나누는 작품을 만들 수 있다.
- [읽어주기]를 이용하여 "아나바다"의 의미를 설명을 할 수 있습니다.
- [비디오 감지]-[손 인식] 기능을 이용할 수 있습니다.

 **만들 작품 미리보기**    QR 코드   링크 주소 : https://youtu.be/4Xa24dStsLk

🐶 작품 계획하기

1. 사용하지 않는 물건이 상자에 가득합니다.
2. 상자 오브젝트를 클릭하면 나눌 물건들이 전시됩니다.
3. 각 각의 x좌표값과 [손 인식]-[퀀손/편손]을 판단하여 '아나바다'의 의미를 설명합니다.
4. 설명이 끝나면 나눔을 했기 때문에 [숨기기]하고 코드를 멈춥니다.

작품 만들기

 투닝에디터를 활용하여 [배경 오브젝트] 미리 준비하기

01 [나의 작업] 〉 제작하기 〉 [배경] 〉 [기본 배경] 〉 [더보기] 〉 진열대 배경 선택합니다.

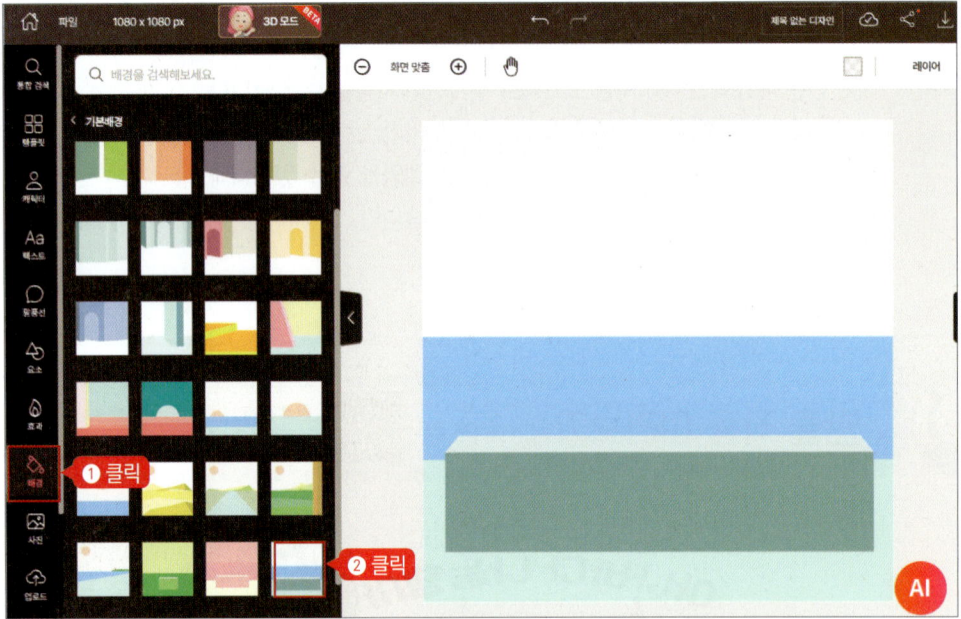

02 [텍스트] 〉 [아치형 텍스트 추가] 〉 "아나바다 나눔행사" 입력, 구부리기=20

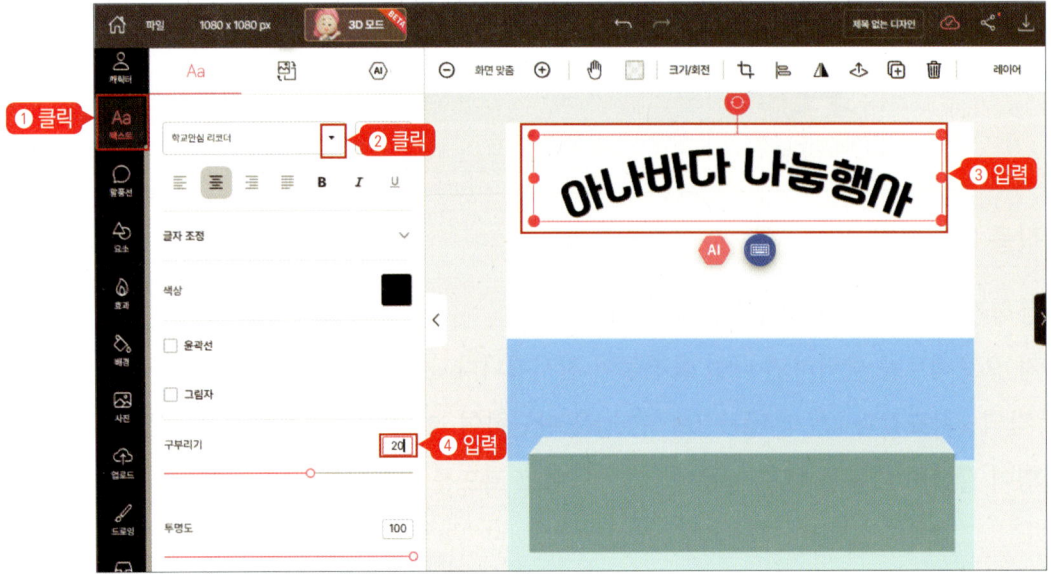

03 [요소] > '메뉴' 입력 후 검색하기 > 선택하기

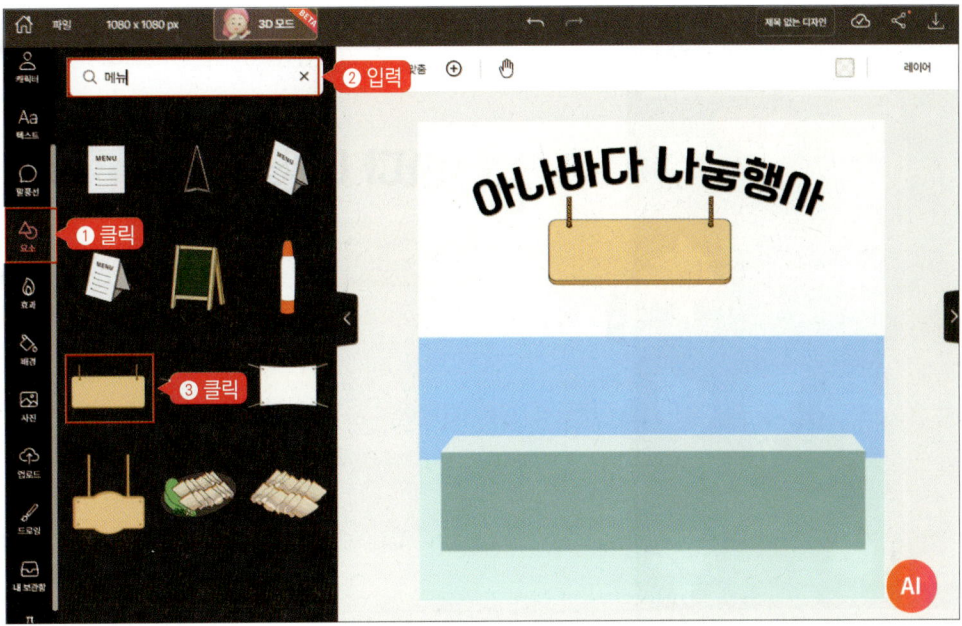

04 [텍스트] > [기본 텍스트 추가] > "아껴쓰고, 나눠쓰고, 바꿔쓰고, 다시쓰고"

메시지 입력하기, 글자 크기 = 40

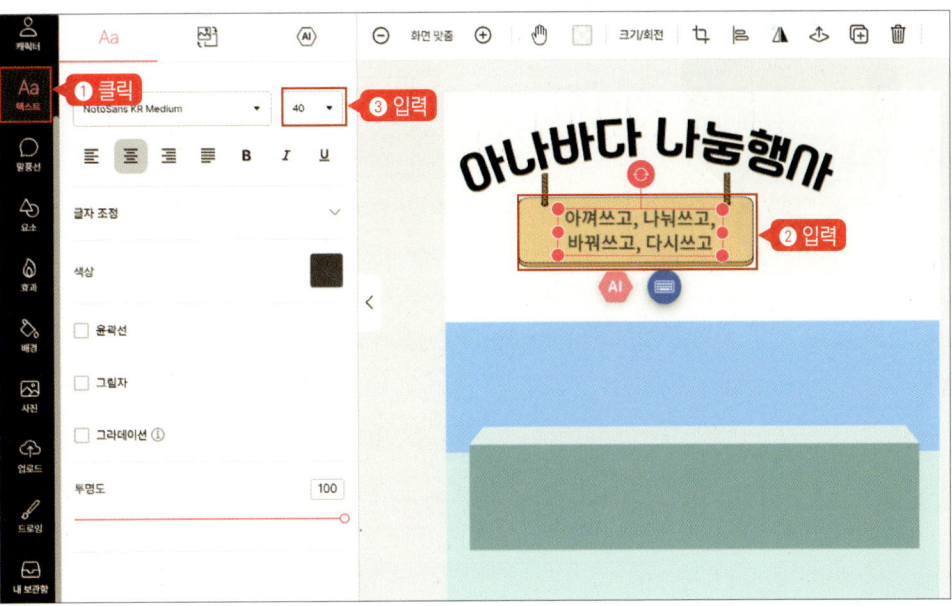

05 [캐릭터] 〉 [신규출시]원소들 〉 [더보기] 〉 캐릭터 선택

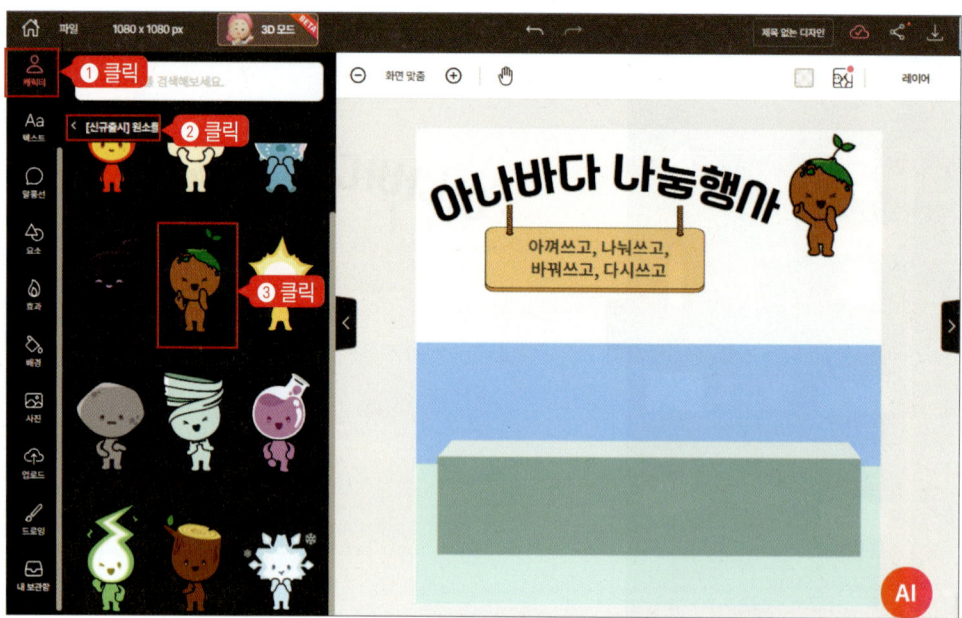

[동작 편집] 〉 엄지 척 선택 〉 [적용] 클릭하기

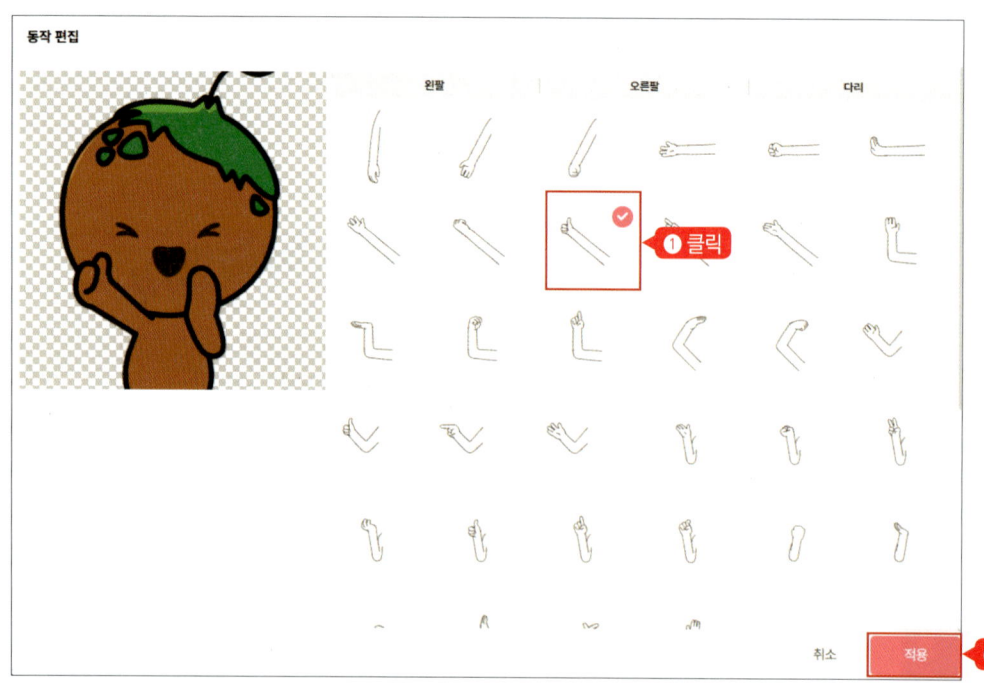

06 오른쪽 위 ![아이콘] 다운로드 클릭 〉 "C:\Users\User\Downloads"에 저장됩니다. 파일 이름을 "아나바다 배경.jpg"로 변경합니다.

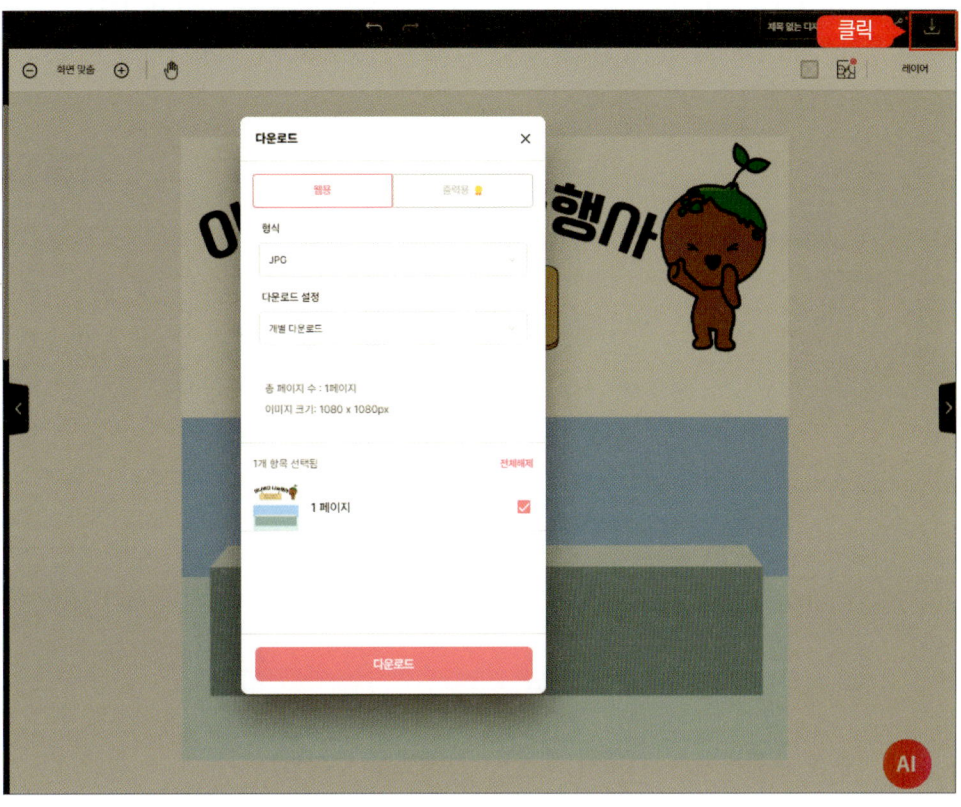

파일 이름을 "아나바다 배경.jpg"로 변경합니다.

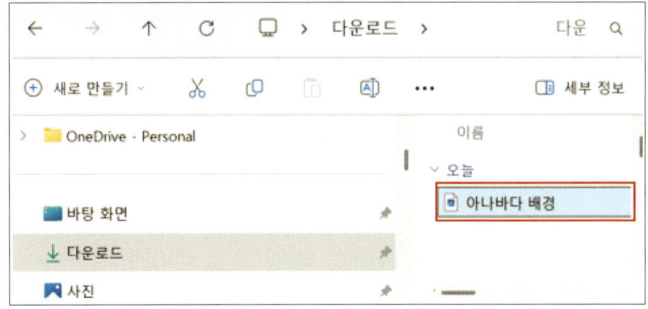

배경 오브젝트 추가하기

07 파일로 저장되어있는 [아나바다 배경.jpg] 이미지를 오브젝트로 추가합니다.
[오브젝트 추가하기] 버튼을 클릭, [파일 올리기] 클릭, [다운로드] > [아나바다 배경] > [열기] 버튼을 클릭합니다.

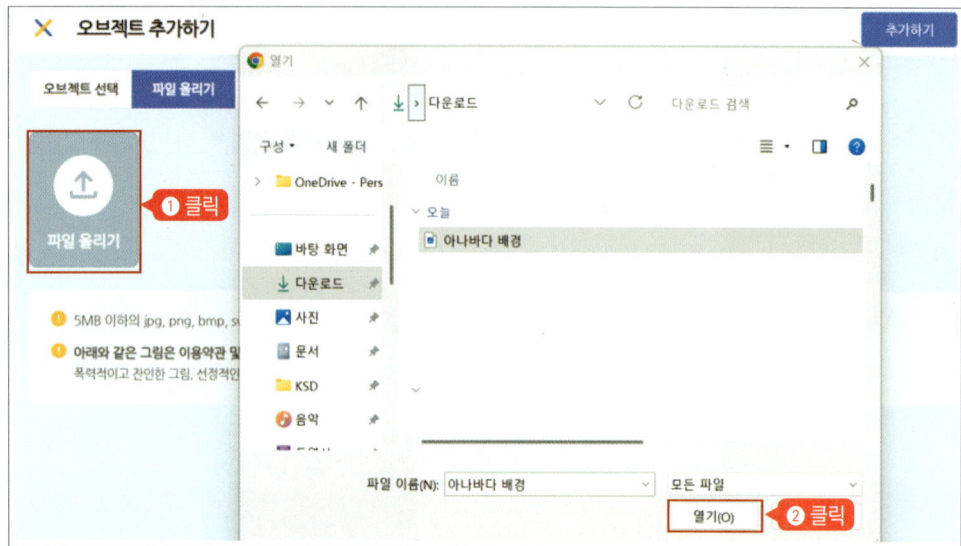

[추가하기] 버튼을 클릭하여 [아나바다 배경] 오브젝트를 추가합니다.

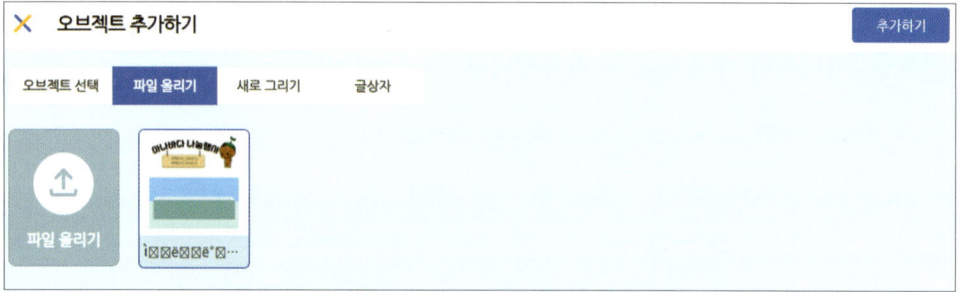

오브젝트 목록에서 깨져있는 이름을 [아나바다 배경]으로 수정합니다.

오브젝트의 위치는 x=-10, y=0, 크기=315, 🔓 -> 🔒 고정시킵니다.

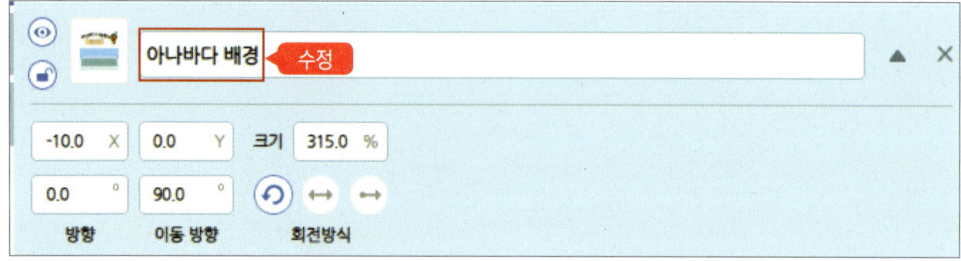

오브젝트 추가하기

08 [오브젝트 추가하기] 버튼을 클릭하여 [[묶음]열린상자], [곰인형], [야구공], [모자(2)], [게임기(1)] 오브젝트를 추가합니다.

오브젝트 화면 구성하기

09 오브젝트의 위치를 다음과 같이 배치합니다. [열린 상자]에 다 담아 놓습니다.

변수 추가하기

10 [속성] → [변수] → [변수 추가하기] → [x좌표] 변수를 추가합니다.

실행화면에서 변수를 숨기기 위해 👁 를 눌러 ⊖ 숨깁니다.

※ 변수에 저장되는 값을 보고 싶으면 숨기지 마세요.

신호 추가하기

▶신호 추가하기

11 [속성] ➔ [신호] ➔ [신호 추가하기] ➔ [행사장 전시] 신호를 추가합니다.

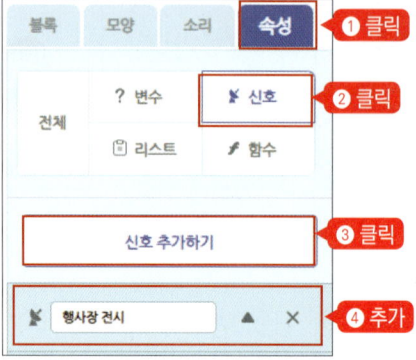

인공지능 기능 추가하기

12 블록의 탭에서 [인공지능 블록 불러오기]를 클릭하여 [읽어주기], [손 인식]을 불러옵니다.

 코딩하기

13 [아나바다 배경] 오브젝트를 코딩합니다.

[시작하기 버튼을 클릭했을 때] 물건이 전시되는 4초 동안 기다립니다. [투명도=30]으로 정합니다.
[카메라가 연결될 때까지 기다리기]합니다.
[비디오 화면 보이기], [손 인식 시작하기], [인식한 손 보이기]를 합니다. 계속 반복하며 중지 끝의 x좌표를 변수 [x좌표]에 저장합니다.

14 [[묶음]열린상자] 오브젝트를 코딩합니다.

[시작하기 버튼을 클릭했을 때] "집에서 사용하지 않는 물건을 갖고 왔어요."라고 말하기 합니다.
"상자를 클릭해 주세요!"라고 말하기 합니다.

[오브젝트를 클릭했을 때] [행사장 전시 신호 보내기]합니다.
물건들이 행사장에 전시되는 4초 동안 기다린 후 [모양 숨기기]합니다.

15 [곰인형] 오브젝트를 코딩합니다.

[행사장 전시 신호를 받았을 때] 크기, 위치를 정해 줍니다.

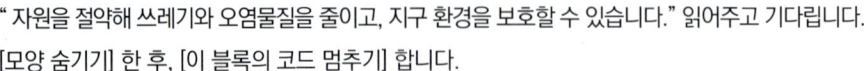

[시작하기 버튼을 클릭했을 때] 물건이 전시되는 4초 동안 기다린 후 계속 반복하며 x좌표와 손모양을 체크합니다.

x좌표 < -120 이고, 손의 모양이 [쥔 손]이면 '곰 인형 나눔 성공'을 의미합니다.
"아껴쓰자" 말하기, "소중한 자원을 낭비하지 않고 아껴쓰면" 읽어주고 기다립니다.
" 자원을 절약해 쓰레기와 오염물질을 줄이고, 지구 환경을 보호할 수 있습니다." 읽어주고 기다립니다.
[모양 숨기기] 한 후, [이 블록의 코드 멈추기] 합니다.

16 [야구공] 오브젝트를 코딩합니다.

[행사장 전시 신호를 받았을 때] 크기, 위치를 정해 줍니다.

[시작하기 버튼을 클릭했을 때] 물건이 전시되는 4초 동안 기다린 후 계속 반복하며 x좌표와 손모양을 체크합니다.

-120 ≤ x좌표 < -50이고 손의 모양이 [쥔 손]이면 "야구공 나눔성공"을 의미합니다.
"나눠쓰자" 말하기, "더 이상 쓰지 않는 물건을 이웃과 나누고 공유한다면 " 읽어주고 기다립니다.
" 자원 절약과 환경 보호에 동참할 수 있어요." 읽어주고 기다립니다. [모양 숨기기] 한 후, [이 블록의 코드 멈추기] 합니다.

17 [모자] 오브젝트를 코딩합니다.

[행사장 전시 신호를 받았을 때] 크기, 위치를 정해 줍니다.

[시작하기 버튼을 클릭했을 때] 물건이 전시되는 4초 동안 기다린 후 계속 반복하며 x좌표와 손모양을 체크합니다.
−40 ≤ x좌표 < 45이고 손의 모양이 [쥔 손]이면 "모자 나눔 성공"을 의미합니다.
"바꿔쓰자" 말하기, "서로 필요한 물건을 바꿔쓴다면, 자원이 낭비되지 않고" 읽어주고 기다립니다.
"새로 사지 않고도 필요한 물건을 얻을 수 있어 돈을 절약할 수 있어요. [모양 숨기기] 한 후, [이 블록의 코드 멈추기] 합니다.

CHAPTER 04_생성형 AI를 이용한 엔트리 작품 만들기 247

18 [게임기(1)] 오브젝트를 코딩합니다.

[행사장 전시 신호를 받았을 때] 크기, 위치를 정해 줍니다.

[시작하기 버튼을 클릭했을 때] 물건이 전시되는 4초 동안 기다린 후 계속 반복하며 x좌표와 손모양을 체크합니다.

50≤ x좌표 < 150이고 손의 모양이 [쥔 손]이면 "게임기 나눔 성공"을 의미합니다.

"다시쓰자" 말하며, "새롭게 다시 쓰여 자원을 아끼고 환경을 보호할 수 있습니다." 읽어주고 기다립니다.

"모두의 작은 실천이 큰 변화를 만듭니다. 아나바다로 지구를 지켜요!" 읽어주고 기다립니다. [모양 숨기기] 한 후, [이 블록의 코드 멈추기] 합니다.

게임기(1)

 **전체 코드**

작품 완성 파일명 : 아나바다 나눔행사-아나바다 나눔행사.ent

야구공

```
시작하기 버튼을 클릭했을 때
4 초 기다리기
계속 반복하기
 만일 <x좌표▼ 값> ≥ -120 그리고▼ <x좌표▼ 값> < -50 (이)라면
  만일 <1 번째 손의 모양이 왼 손▼ 인가?> (이)라면
   나눠쓰기!!! 을(를) 말하기▼
   더 이상 쓰지 않는 물건을 이웃과 나누고 공유한다면, 읽어주고 기다리기
   자원 절약과 환경 보호에 동참할 수 있어요 읽어주고 기다리기
   모양 숨기기
   이 블록의▼ 코드 멈추기
```

```
행사장 전시▼ 신호를 받았을 때
1 초 기다리기
크기를 50 (으)로 정하기
x: -80 y: -30 위치로 이동하기
```

모자(2)

```
시작하기 버튼을 클릭했을 때
4 초 기다리기
계속 반복하기
 만일 <x좌표▼ 값> ≥ -40 그리고▼ <x좌표▼ 값> < 45 (이)라면
  만일 <1 번째 손의 모양이 왼 손▼ 인가?> (이)라면
   바꿔쓰기!!! 을(를) 말하기▼
   서로 필요한 물건을 바꿔쓴다면, 자원이 낭비되지 않고, 읽어주고 기다리기
   새로 사지 않고도 필요한 물건을 얻을 수 있어 돈을 절약할 수 있어요 읽어주고 기다리기
   모양 숨기기
   이 블록의▼ 코드 멈추기
```

```
행사장 전시▼ 신호를 받았을 때
2 초 기다리기
크기를 50 (으)로 정하기
x: 0 y: -30 위치로 이동하기
```

게임기(1)

```
시작하기 버튼을 클릭했을 때
4 초 기다리기
계속 반복하기
 만일 <x좌표▼ 값> ≥ 50 그리고▼ <x좌표▼ 값> < 150 (이)라면
  만일 <1 번째 손의 모양이 왼 손▼ 인가?> (이)라면
   다시쓰기!!! 을(를) 말하기▼
   새롭게 다시 쓰여 자원을 아끼고 환경을 보호할 수 있습니다. 읽어주고 기다리기
   모두의 작은 실천이 큰 변화를 만듭니다. 아나바다로 지구를 지켜요! 읽어주고 기다리기
   모양 숨기기
   이 블록의▼ 코드 멈추기
```

```
행사장 전시▼ 신호를 받았을 때
3 초 기다리기
크기를 50 (으)로 정하기
x: 100 y: -30 위치로 이동하기
```

친구사랑 애플데이-친구 사랑 OX 퀴즈

| AI 활용 도구: 뤼튼 | 주요 기능 : 리스트, 신호주기, 도장 찍기 | 난이도 : ★★★☆☆ |

 학습 목표

뤼튼을 이용하여 친구와의 [우정, 사랑, 배려]가 포함된 O/X퀴즈를 만들 수 있습니다.
파일로 저장된 O/X퀴즈를 리스트에 추가하여 사용할 수 있습니다.
[우정, 사랑, 배려]와 관련된 퀴즈를 푸는 작품을 만들 수 있습니다.
- [리스트]의 값을 읽어올 수 있습니다.
- [신호주기], [변수], [도장 찍기]를 사용할 수 있습니다.

 **만들 작품 미리보기**   QR 코드   링크 주소 :
https://youtu.be/37SZzSd4VBc

🐶 **작품 계획하기**

1️⃣ 리스트를 이용하여 OX퀴즈와 정답을 각 각 저장합니다.

2️⃣ 리스트의 퀴즈를 글상자를 통해 칠판에 보여줍니다.

3️⃣ [우정, 사랑, 배려]가 맞다면 [O] 버튼을 클릭합니다.

4️⃣ [우정, 사랑, 배려]가 아니라면 [X] 버튼을 클릭합니다.

5️⃣ 정답이면 사과나무에 황금 사과가 1개씩 열립니다.

6️⃣ 모든 문제를 다 풀었다면, 친구와의 우정과 관련된 메시지를 전하며 [모든 코드 멈추기]를 합니다.

CHAPTER 04_생성형 AI를 이용한 엔트리 작품 만들기

작품 만들기

생성성AI를 활용하여 [친구 사랑 OX 퀴즈] 미리 준비하기

01 뤼튼에서 [우정, 사랑, 배려]가 포함된 퀴즈 10개를 만드는 프롬프트를 작성합니다.

> 나는 초등학생이야. 친구와의 우정, 용서, 배려에 대해 쉽고 명확하게 생각해 볼 수 있는 OX 퀴즈 10개 만들고, 문제와 답을 각 각 텍스트 파일로 만들어줘

02 복사하기 버튼을 눌러 퀴즈를 복사합니다.

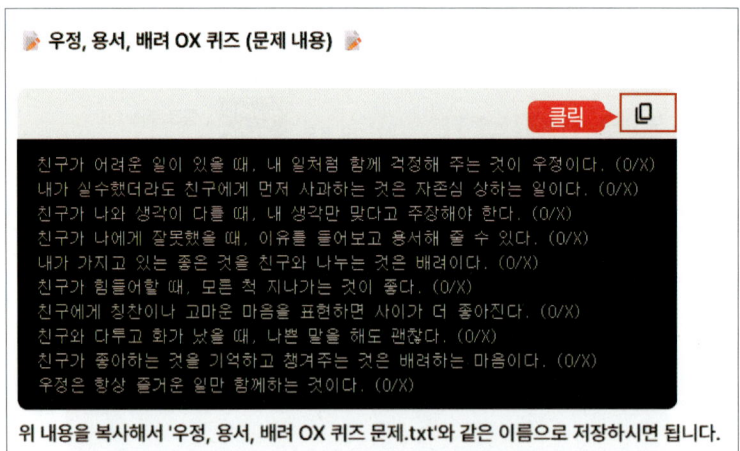

03 문제를 복사하여 [메모장]에 붙여 넣기 한 후 [다운로드]\'친구사랑OX퀴즈.txt'로 저장합니다.

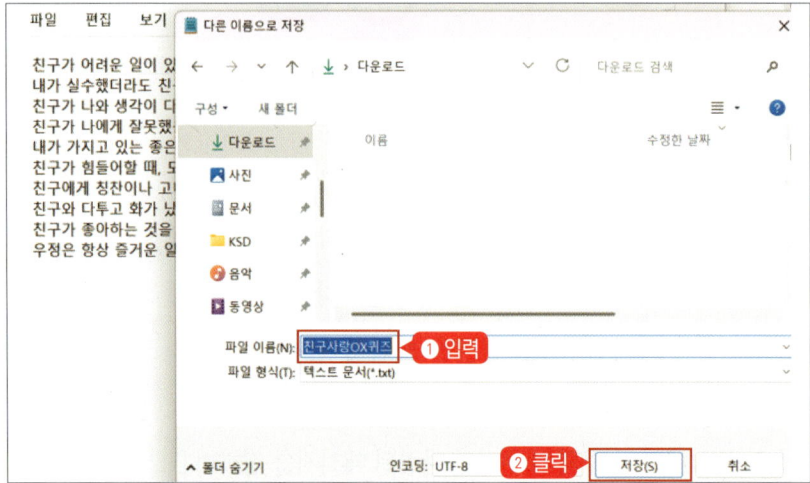

04 퀴즈 정답으로 만들어진 자료가 아래처럼 문제 번호가 포함되어 있다면 프롬프트에 "OX 퀴즈 정답에서 숫자를 빼고 다시 정리해줘" 명령을 추가하여 다시 만듭니다.

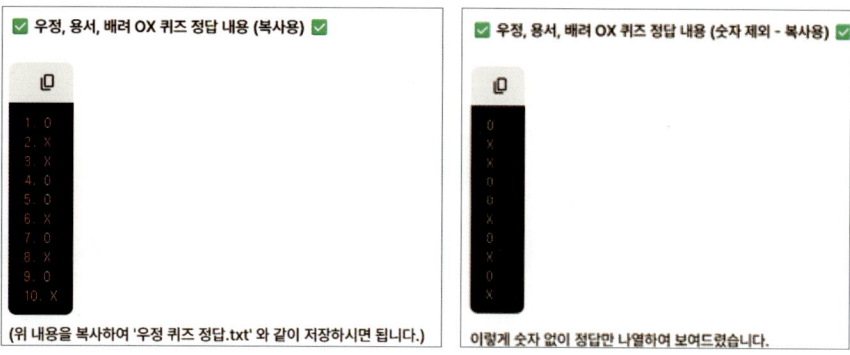

05 복사하기 버튼을 눌러 퀴즈 정답을 복사합니다.

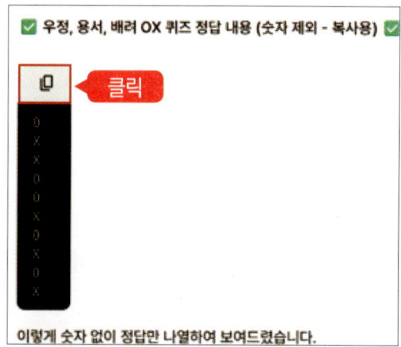

06 퀴즈 정답을 복사하여 메모장에 붙여 넣기 한 후 [다운로드]\'친구사랑OX_정답.txt'로 [저장]합니다.

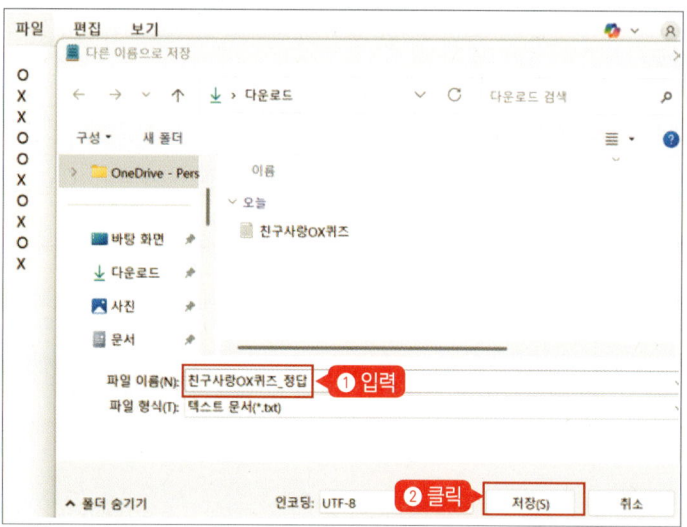

CHAPTER 04_생성형 AI를 이용한 엔트리 작품 만들기 **253**

오브젝트 추가하기

07 [오브젝트 추가하기] 버튼을 클릭하여 [엑스 버튼], [라디오버튼], [칠판], [나무(3)], [황금사과] 오브젝트를 추가합니다.

08 [오브젝트 추가하기] 버튼을 클릭하여 [글상자] 클릭, [여러 줄 쓰기] 클릭, [배경색 없음] 클릭한 후 [추가하기] 버튼을 누릅니다.

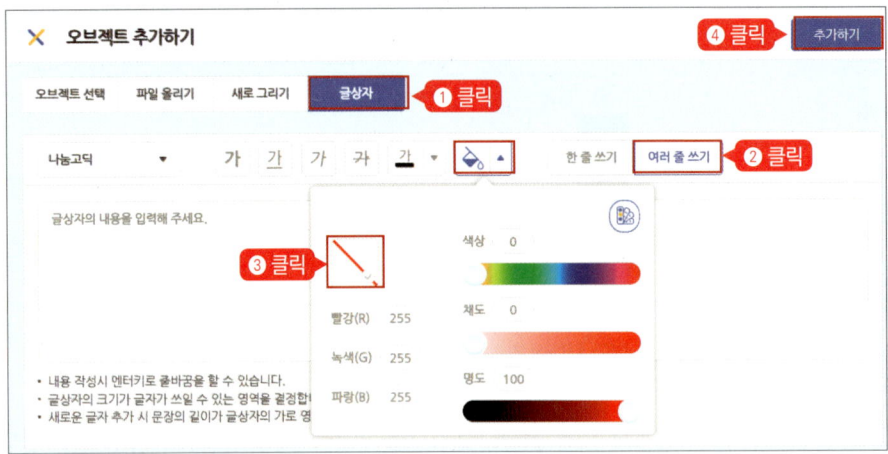

[글자체], [가운데정렬], [글자색], [글자 크기]를 선택합니다.

🐰 오브젝트 화면 구성하기

09 오브젝트의 위치를 다음과 같이 배치합니다.

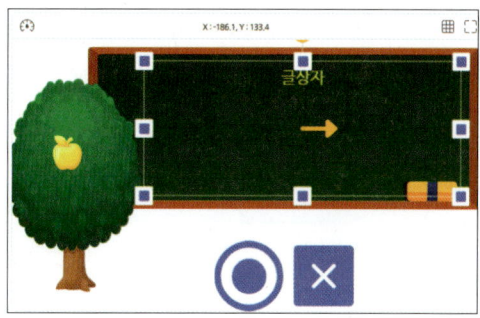

🐰 변수 추가하기

10 [속성] ➡ [변수] ➡ [변수 추가하기] ➡ [남은 문제 수] 변수를 추가합니다. 실행화면에서 변수를 숨기기 위해 👁 을 눌러 👁‍🗨 숨깁니다.

🐰 신호 추가하기

11 [속성] ➡ [신호] ➡ [신호 추가하기] ➡ [정답] 신호를 추가합니다.

리스트 추가하기

12 [속성] ➡ [리스트 추가하기] ➡ [친구사랑퀴즈] 리스트를 추가합니다.
[리스트 불러오기]를 클릭한 후 [다운로드]\[친구사랑OX퀴즈.txt] 파일을 불러옵니다.
퀴즈를 전체 저장하여 [리스트 불러오기] 화면에 붙이기 한 후 [저장하기] 합니다.
[친구사랑퀴즈] 리스트에 값이 추가된 것을 확인합니다.

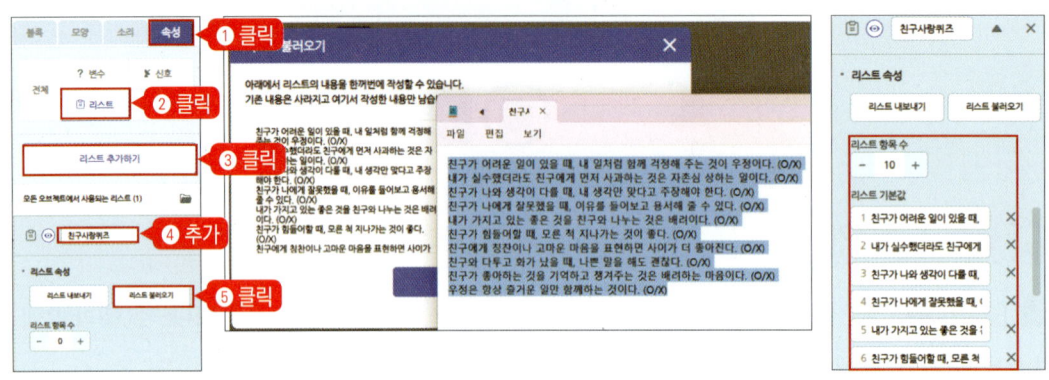

13 [속성] ➡ [리스트 추가하기] ➡ [퀴즈 정답] 리스트를 추가합니다.
[리스트 불러오기]를 클릭한 후 [다운로드]\[친구사랑OX퀴즈_정답.txt] 파일을 불러옵니다.
정답을 전체 저장하여 [리스트 불러오기] 화면에 붙이기 한 후 [저장하기] 합니다. [퀴즈 정답]
리스트에 값이 추가된 것을 확인합니다.

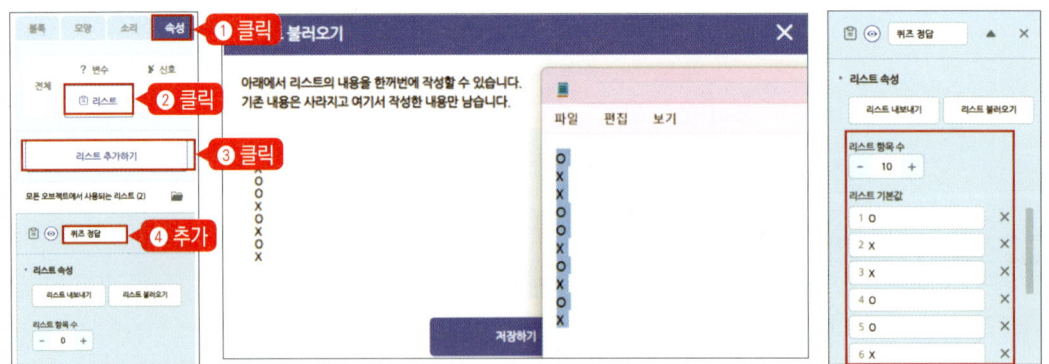

실행화면에서 리스트를 숨기기 위해 [리스트 목록]에서 👁 를 클릭합니다.

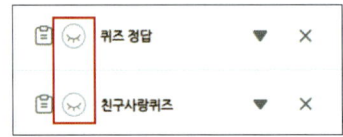

🐰 소리 추가하기

14 [라디오버튼] 오브젝트를 클릭한 후 [소리] 탭을 선택하여 [오답음12, 정답] 소리를 추가합니다.

15 [엑스 버튼] 오브젝트를 클릭한 후 [소리] 탭을 선택하여 [오답음13, 정답] 소리를 추가합니다.

🐰 코딩하기

16 [글상자] 오브젝트를 코딩합니다.

[시작하기 버튼을 클릭했을 때] 글자색, 글씨체를 바꾸고, "친구 사랑 OX퀴즈"임을 2초 동안 알립니다.
[남은 문제 수] 변수에 전체 문제 개수를 저장합니다.
"친구 사랑 OX문제"를 역순으로 보여줍니다.

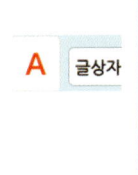

[정답 신호를 받았을 때] 남은 문제가 있다면 기존 문제를 지우고, 색깔을 바꿔 "정답"임을 알립니다. [남은 문제 수]를 -1 하고 다음 문제를 냅니다. 문제를 다 냈다면 기존 문제를 지우고, 색깔을 바꿔 좋은 친구가 될 수 있는 메시지를 전달합니다. [모든 코드 멈추기]하여 종료합니다.

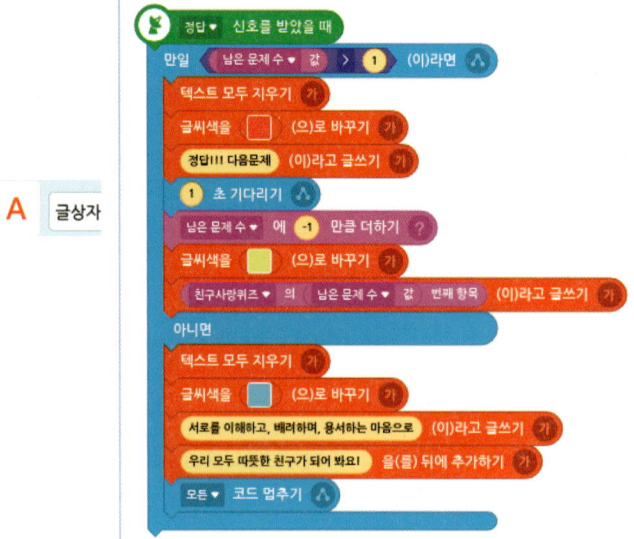

A 글상자

17 [라디오버튼] 오브젝트를 코딩합니다.

[[오브젝트를 클릭했을 때] [퀴즈 정답] 리스트에서 정답을 확인합니다. "O"라면 [정답 소리 재생하기]를 하고 [정답 신호 보내기]를 합니다. 틀렸으면 [오답음 재생하기]를 하고 "문제를 다시 읽어 보세요"를 말하기 합니다.

18 [엑스 버튼] 오브젝트를 코딩합니다.

[오브젝트를 클릭했을 때] [퀴즈 정답] 리스트에서 정답을 확인합니다. "X"라면 [정답 소리 재생하기]를 하고 [정답 신호 보내기]를 합니다. 틀렸으면 [오답음 재생하기]를 하고 "문제를 다시 읽어 보세요"를 말하기 합니다.

19 [나무(3)] 오브젝트를 코딩합니다.

[시작하기 버튼을 클릭했을 때] [크기=200]으로 정하고,
[x=-180, y=0] 위치로 이동하기 합

20 [황금사과] 오브젝트를 코딩합니다.

[시작하기 버튼을 클릭했을 때] [모양 숨기기]합니다.

[정답 신호를 받았을 때] [모양 보이기]합니다. 사과가 열릴 수 있는 범위 안에서 열릴 수 있도록 구간을 정해 주고 [도장 찍기]하여 황금 사과가 열리는 것을 표현합니다.

나무 안에 황금사과가 열릴 수 있도록 x, y 범위를 확인합니다.

전체 코드

작품 완성 파일명 : 친구사랑 애플데이-친구 사랑 OX 퀴즈.ent

교사를 위한 추천 도서

**교사를 위한 실무 한글
학교 업무 효율성 높이는 66제**

한동규 저 | 257쪽 | 17,700원

**교실에서 바로 쓰는
캔바/캔바AI로 수업디자인하기**

안익재 저 | 253쪽 | 16,800원

**선생님을 위한
캔바 수업 활용**

김민주 저 | 340쪽 | 18,800원

**교사를 위한
패들렛**

안익재 저 | 197쪽 | 16,800원

교사를 위한 스프레드시트 활용 가이드
구글 시트로 스마트한 학교 만들기

지미정 외 공저 | 400쪽 | 24,400원

**선생님을 위한
노션**

임세범 저 | 318쪽 | 21,800원

 ## 교사를 위한 추천도서

**입상 교사만 아는 아무도 말해주지 않은
수업혁신사례연구대회 1등급의 비밀**

임은빈 외 공저 | 352쪽 | 24,000원

**초등 개념기반 탐구수업
서술형평가 설계와 실천**

진경오 저 | 356쪽 | 21,000원

**선생님을 위한
교육용 AI 챗봇 활용법**

임세범 외 공저 | 352쪽 | 22,500원

**교실에서 바로 쓰는
챗GPT 교사 활용법**

유수근 저 | 304쪽 | 19,800원

**2022 개정 교육과정
평가, AI로 날개를 달다**

지미정 외 공저 | 353쪽 | 21,000원

**교실에서 바로 통하는 배움중심수업
에듀테크와 AI로 확! 잡자**

유수근 저 | 196쪽 | 15,500원